USE THIS PAGE TO TEST WHEN USING MARKERS. PUT UNDER THE DRAWING YOU COLOR JUST TO MAKE SURE IT DOESN'T BLEED ONTO THE NEXT DRAWING WHEN YOU USE FELT, INK OR ANY WATERBASE MARKERS.

YOU CAN USE ACRYLIC PAINT <u>WITHOUT</u> DILUDING IT IN THE WATER AND APPLY ON THE PAGE, IT WILL NOT GO THROUGH, BUT IF YOU USE SHARPIE MARKERS BECAUSE OF THE ALCOLHOL CONTENT IT GOES THROUGH THE PAGE.

The paper becomes a bit wrinkled when using acrylic paint, but it gives it a nice effect

It is recommended to test and see

UTILISEZ CETTE PAGE POUR TESTER LORS DE L'UTILISATION DE MARKEURS/FEUTRES. METTEZ-LA SOUS LE DESSIN QUE VOUS COLORIEZ POUR VOUS ASSURER QU'IL NE TRANSFERT PAS L'ENCRE SUR LE PROCHAIN DESSIN. CECI S'APPLIQUE POUR TOUT MARQUEURS, FEUTRES, OU ENCRE.

VOUS POUVEZ UTILISER LA PEINTURE ACRYLIQUE <u>SANS</u> LA DILUER DANS L'EAU, MAIS SI VOUS UTILISEZ DES MARQUEURS 'SHARPIE' EN RAISON DU CONTENU D'ALCOLHOL, LA COULEUR VA SE TRANSFÉRER SUR L'AUTRE PAGE.

Pour l'acrylique, le papier va gondoler un peu et donnera un effet intéressant

Il est recommandé de tester pour voir

BEAUTIFUL AND MAGICAL VANCOUVER

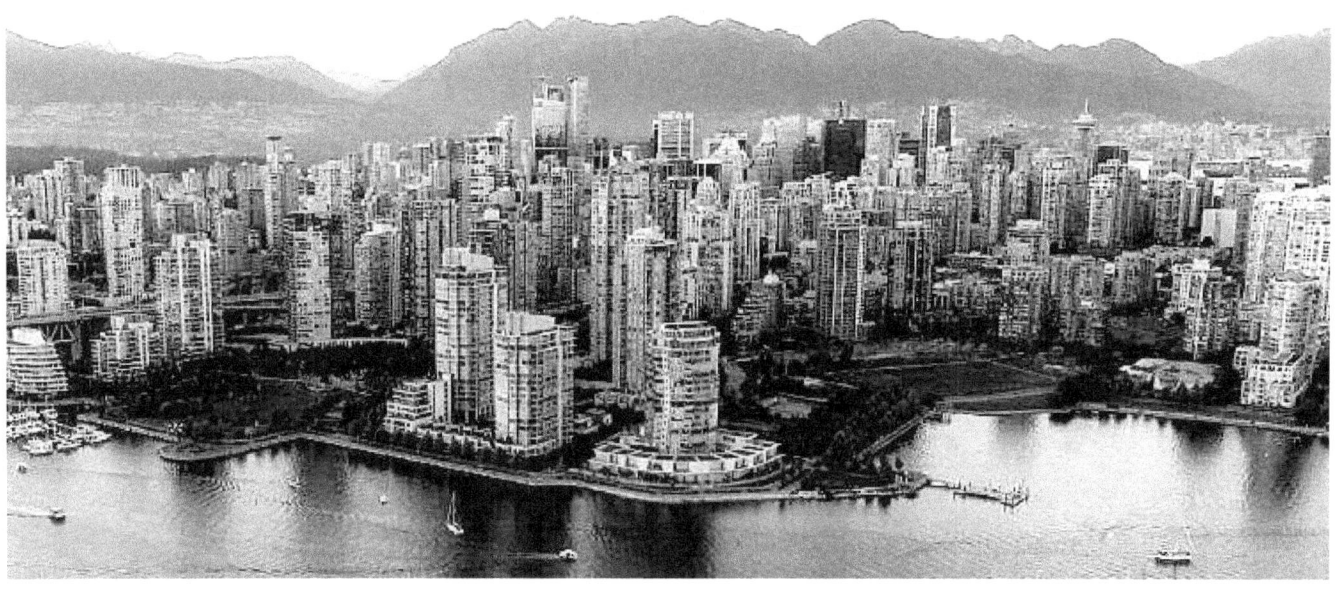

A BIT OF HISTORY OF VANCOUVER

Vancouver is a city in British Columbia, Canada. With its location near the mouth of the Fraser River and on the waterways of the Strait of Georgia, Howe Sound, Burrard Inlet, and their tributaries, Vancouver has, for thousands of years, been a place of meeting, trade and settlement.

The presence of people in what is now called the Lower Mainland of British Columbia dates from 8,000 to 10,000 years ago when the glaciers of the last ice age began to disappear. The area, known to the First Nations as *S'ólh Téméxw,* shows archeological evidence of a seasonal encampment ("the Glenrose Cannery site") near the mouth of the Fraser River that dates from that time.

The first Europeans to explore the area were Spanish Captain José María Narváez in 1791, and British naval Captain George Vancouver in 1792. The area was not settled by Europeans until almost a century later, in 1862. The city grew rapidly following completion of the Canadian Pacific Railway (CPR) transcontinental line from Eastern Canada, allowing for continuous rail service in the late 1880s. Chinese settlers were increasingly a presence in the area following completion of the CPR. Subsequent waves of immigration were initially of Europeans moving west, and later, with the advent of global air travel, from Asia and many other parts of the world.

UN PEU D'HISTOIRE SUR VANCOUVER

Vancouver est une ville de la Colombie-Britannique, au Canada. Grâce à son emplacement près de l'embouchure du fleuve Fraser et des voies navigables du détroit de Georgia, de Howe Sound, de Burrard Inlet et de leurs affluents, Vancouver est depuis des milliers d'années un lieu de rencontre, de commerce et de peuplement.

La présence de personnes dans ce qu'on appelle aujourd'hui le Lower Mainland en Colombie-Britannique remonte à 8 000 à 10 000 ans, lorsque les glaciers de la dernière période glaciaire ont commencé à disparaître. La région, connue par les Premières Nations sous le nom de S'ólh Téméxw, présente des preuves archéologiques d'un campement saisonnier (le «site Glenrose Cannery») situé à l'embouchure du fleuve Fraser à cette époque.

Les premiers Européens à explorer la région furent le capitaine espagnol José María Narváez en 1791 et le capitaine de marine britannique George Vancouver en 1792. Les Européens ne colonisèrent pas cette région avant un siècle plus tard, en 1862. La ville se développa rapidement Ligne transcontinentale Pacific Railway (CP) de l'Est du Canada, permettant un service ferroviaire continu à la fin des années 1880. Les colons chinois étaient de plus en plus présents dans la région après l'achèvement du CP. Les vagues d'immigration subséquentes concernaient initialement les Européens se déplaçant vers l'ouest, puis avec l'avènement du transport aérien mondial, en provenance d'Asie et de nombreuses autres régions du monde.

(Source : Wikipedia)

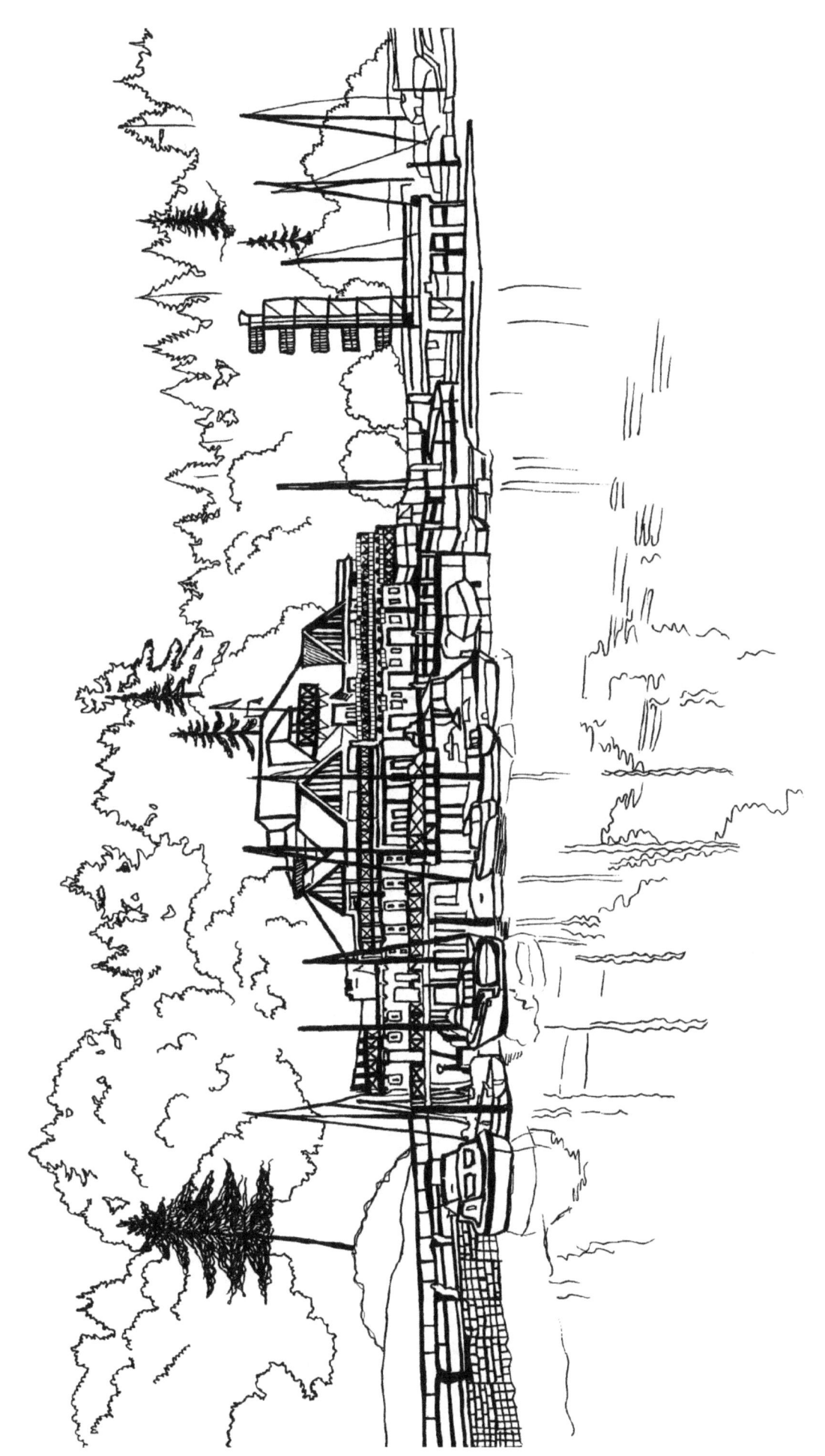

STANLEY PARK

Where to begin, this beautiful park which borders downtown Vancouver, has a vast history and is one of the first areas visitors come to explore in the city. In 1886, the land was named Vancouver's first park after Lord Stanley, the recently-appointed Governor General.

There are so many interesting things to see and to do in the park like walking or biking the Seawall, visiting the Vancouver Aquarium, Scenic Driving, visiting the Brockton Point Totem Poles, etc., that it is difficult to summarize them all. We have listed below certain areas of the park that you can visit, and certain historic facts that are fascinating:

The park has roughly half a million trees, some standing as tall as 76 meters and hundreds of years. In the past 100 years, there have been three major wind storms that caused damage and loss of many of the trees, and the most recent was in 2006. There is the famous Western Cedar Hollow tree stump that is between 700 and 800 years old where people, cars and even elephants were photographed to give people a perspective of its large cavity. It was almost removed after being badly damaged in the 2006 windstorm, but the locals stepped in and had the tree stabilized so that it may continue a new chapter in its long history in Stanley Park.

Par où commencer, ce magnifique parc qui borde le centre-ville de Vancouver a une longue histoire et est l'un des premiers endroits que les visiteurs viennent explorer dans la ville. En 1886, le terrain a été nommé le premier parc de Vancouver après Lord Stanley, le gouverneur général récemment nommé.

Il y a tellement de choses intéressantes à voir et à faire dans le parc, comme marcher ou faire du vélo sur la digue, visiter l'aquarium de Vancouver, conduire en voiture en admirant le panorama, visiter les totems de Brockton Point, etc. Nous avons énuméré ci-dessous certains endroits du parc que vous pouvez visiter ainsi que certains faits historiques fascinants :

Le parc compte environ un demi-million d'arbres, certains pouvant atteindre 76 mètres et des centaines d'années. Au cours des 100 dernières années, il y a eu trois tempêtes de vent majeures qui ont causé des dommages et la perte de nombreux arbres, et la plus récente a eu lieu en 2006. Il y a le fameux tronc d'arbre de cèdre occidental vieux de 700 à 800 ans. Les gens, les voitures et même les éléphants ont été photographiés pour donner aux gens une perspective de sa grande cavité. Il a presque été enlevé après avoir été gravement endommagé par la tempête de vent de 2006, mais les habitants sont intervenus et ont stabilisé l'arbre pour qu'il puisse continuer un nouveau chapitre de sa longue histoire dans le parc Stanley.

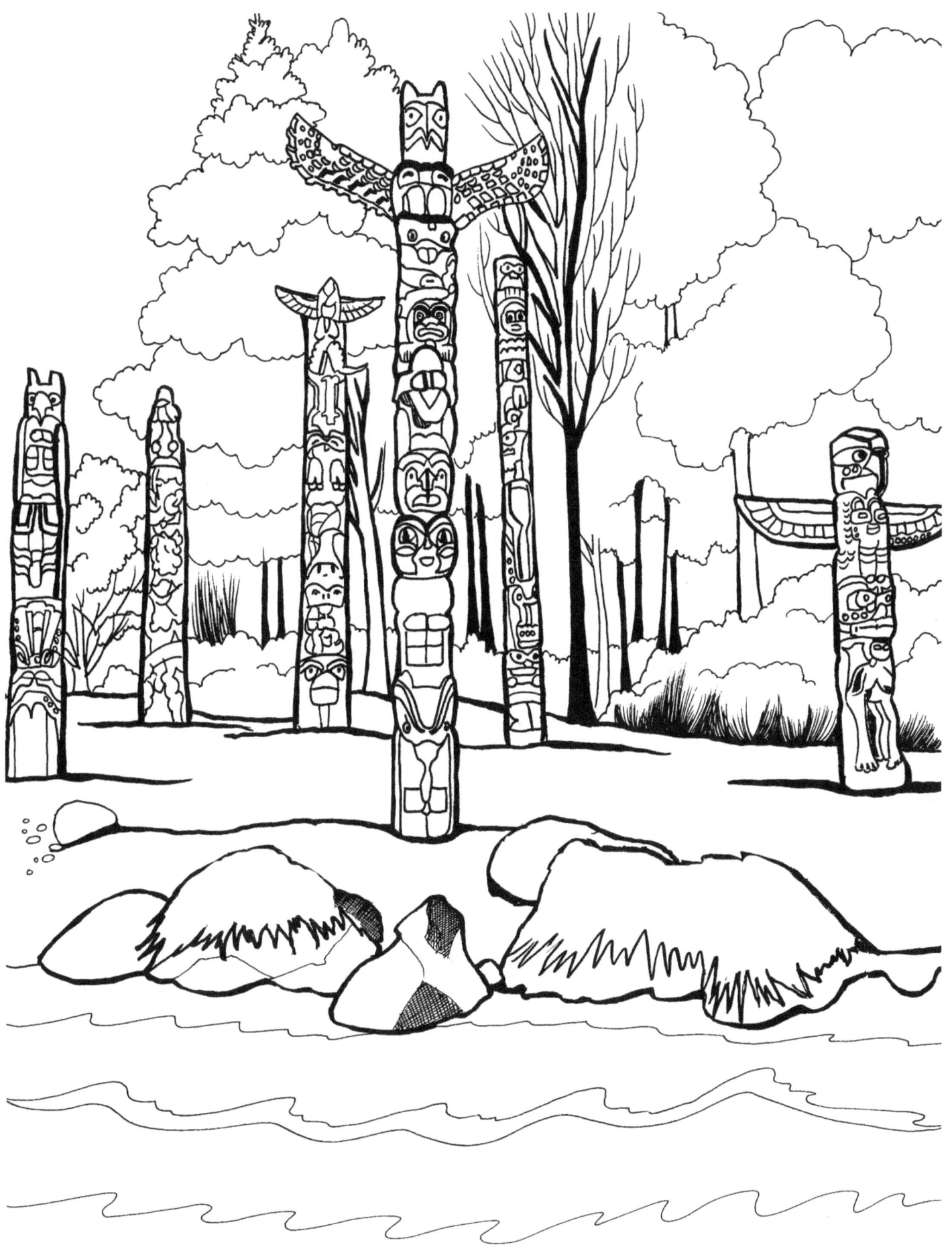

CONTINUING STANLEY PARK

There is also The Vancouver Seawall that draws thousands of residents and visitors to the park each day. The park features lush forest trails, relaxing beaches, the Vancouver Aquarium and many more attractions.

With so many lush towering trees, it's hard to believe at one time Stanley Park was a logging location. Before it was a park, the site was logged from 1860-1880. At the tip of Stanley Park is Brockton Point, where there was to be a sawmill built. The land was cleared for the sawmill, but it was never built. Instead, today you will find the Brockton Point Lighthouse. Many people do not know that the trails throughout Stanley Park were once the original logging skid roads.

While Stanley Park is not the largest of its kind, it is about one-fifth larger than New York's Central Park and almost half the size of London's Richmond Park. With such a vast history there is always something new to learn.

SUITE STANLEY PARK

Il y a aussi le Vancouver Seawall (la digue de Vancouver) qui attire chaque jour des milliers de résidents et de visiteurs. Le parc abrite des sentiers forestiers luxuriants, des plages relaxantes, l'aquarium de Vancouver et de nombreuses autres attractions.

Avec tant d'arbres luxuriants, il est difficile de croire que le parc Stanley était un lieu d'exploitation. Avant c'était un parc, le site était ouvert de 1860 à 1880. À la pointe du parc Stanley se trouve Brockton Point, où devait être construite une scierie. La terre a été défrichée pour la scierie, mais elle n'a jamais été construite. Au lieu de cela, vous trouverez aujourd'hui le phare de Brockton Point. Beaucoup de gens ne savent pas que les sentiers dans le parc Stanley étaient autrefois les premières routes de débardage.

Même si Stanley Park n'est pas le plus grand du genre, il est environ un cinquième plus grand que Central Park à New York et près de la moitié du Richmond Park de Londres. Avec une histoire aussi vaste, il y a toujours quelque chose de nouveau à apprendre.

(Source : Wikipedia)

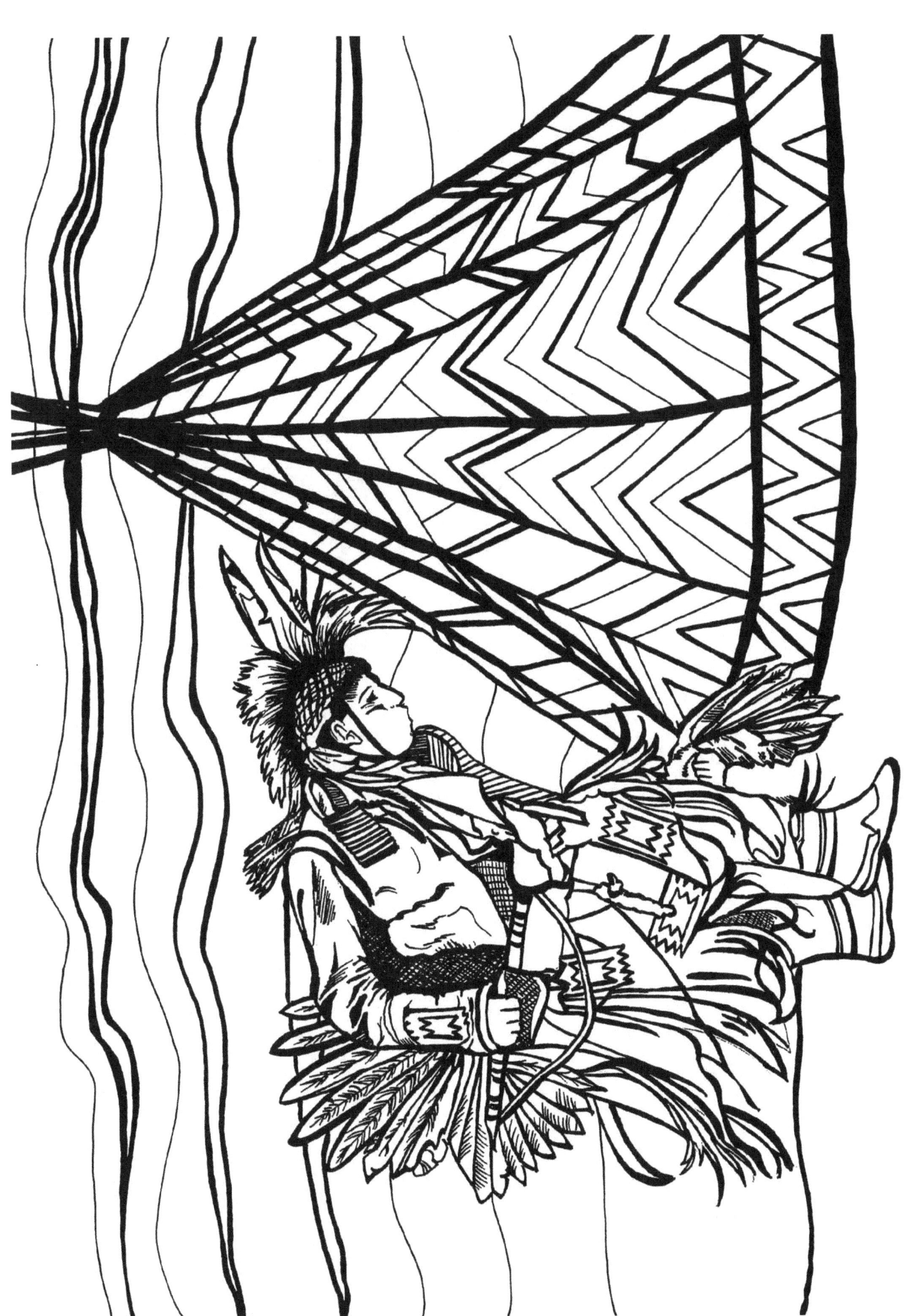

First Nations in Vancouver

(Source : tourismvancouver.com)

With its lush, coastal rainforests and aboriginal heritage, Vancouver is a place of lore, legend and deep-rooted history. First Nations culture is prevalent throughout the city, keeping ancient traditions and stories alive with vibrantly coloured totem poles, cultural centres, museums and contemporary art galleries. Experience the city's rich First Nations history and heritage with these outdoor excursions and cultural adventures. As Canada's largest teaching museum, the UBC Museum of Anthropology houses more than 535,000 ethnographic and archaeological objects from around the world, 7,100 of which are from B.C.'s First Nations. Take a guided tour through the museum and learn about aboriginal cultures throughout North America, while viewing artefacts such as hunting tools, masks, hand-carved figurines and an array of intricate, hand-woven baskets. The MOA also features contemporary First Nations artwork and totem poles created by renowned artists such as Bill Reid and Doug Cranmer.

From colourfully painted totem poles to intricate stone carvings, First Nations artwork is readily visible in galleries throughout the city. To see some of these iconic cultural pieces, start at the Bill Reid Gallery of Northwest Coast Art, located in downtown Vancouver. Unsurprisingly, the gallery displays Reid's bronze sculptures, gold and silver jewellery, but also exhibits dedicated to up-and-coming and contemporary First Nations artists too. Don't miss the full-scale totem pole carved by James Hart, in celebration of Reid. To see and purchase coastal artwork and jewellery such as cedar ceremonial masks, whalebone carvings and silver bracelets created by local First Nations artists, visit one of the many aboriginal art galleries.

Les Première Nations

Avec ses forêts pluviales côtières luxuriantes et son héritage autochtone, Vancouver est un lieu de traditions, de légendes et d'histoire profondément enracinée. La culture des Premières Nations est répandue dans toute la ville, préservant des traditions et des histoires anciennes avec des mâts totémiques aux couleurs vives, des centres culturels, des musées et des galeries d'art contemporain. Découvrez la riche histoire et le patrimoine des Premières nations de la ville avec ces excursions en plein air et ces aventures culturelles. Le Musée d'anthropologie de l'Université de Colombie-Britannique, le plus grand musée d'enseignement du Canada, abrite plus de 535 000 objets ethnographiques et archéologiques du monde entier, dont 7 100 appartiennent aux Premières nations de la Colombie-Britannique. Faites une visite guidée du musée et découvrez les cultures autochtones partout en Amérique du Nord, tout en regardant des artefacts tels que des outils de chasse, des masques, des figurines sculptées à la main et toute une gamme de paniers complexes et tissés à la main. Le MOA présente également des œuvres d'art contemporain des Premières Nations et des mâts totémiques créés par des artistes de renom tels que Bill Reid et Doug Cranmer.

Des mâts totémiques peints de couleurs vives aux sculptures de pierre complexes, les œuvres d'art des Premières Nations sont facilement visibles dans les galeries de la ville. Pour voir certaines de ces pièces culturelles emblématiques, commencez par la galerie d'art Reid, située au centre-ville de Vancouver, dans la région côtière de la côte du Nord-Ouest. Sans surprise, la galerie présente des sculptures en bronze de Reid, des bijoux en or et en argent, mais également des expositions dédiées à des artistes autochtones émergents et contemporains. Ne manquez pas le mât totémique sculpté par James Hart pour célébrer Reid. Pour voir et acheter des œuvres d'art et des bijoux de la côte, tels que des masques de cérémonie en cèdre, des sculptures en os de baleine et des bracelets en argent créés par des artistes des Premières nations de la région, visitez l'une des nombreuses galeries d'art autochtones.

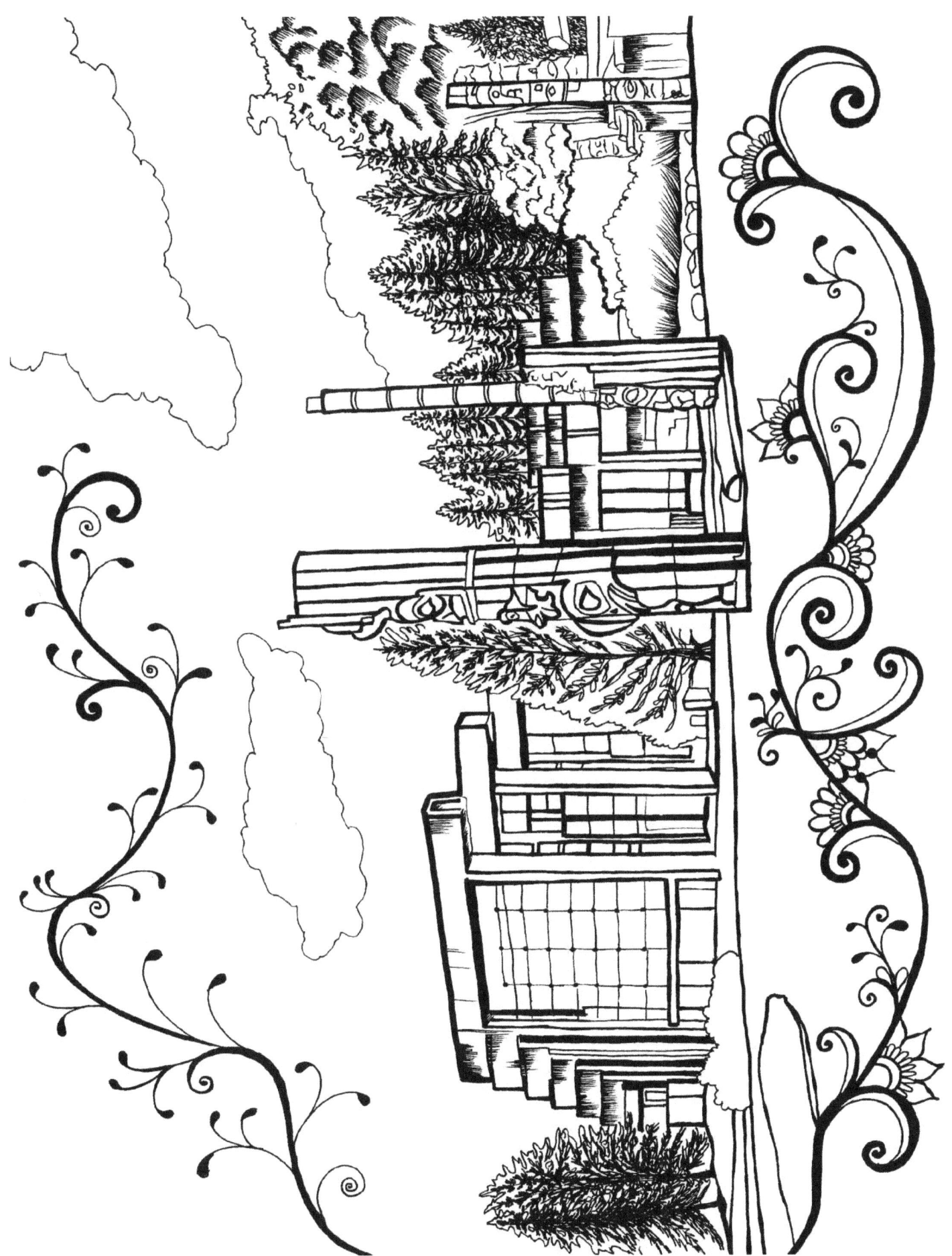

The Museum of Anthropology

The Museum of Anthropology at the University of British Columbia (UBC) campus in Vancouver, British Columbia, Canada is renowned for its displays of world arts and cultures, in particular works by First Nation band governments of the Pacific Northwest. As well as being a major tourist destination, MOA is a research and teaching museum, where UBC courses in art, anthropology, archaeology, conservation, and museum studies are given. MOA houses close to 50,000 ethnographic objects, as well as 535,000 archaeological objects in its building alone.

The museum is at 6393 NW Marine Dr, on the campus of the University of British Columbia. MOA and UBC lie on the University Endowment Lands, which are not officially part of the City of Vancouver.

Le Musée d'Anthropologie

Le Musée d'anthropologie du campus de l'Université de la Colombie-Britannique (UBC) à Vancouver, en Colombie-Britannique, au Canada, est réputé pour ses expositions d'art et de culture du monde, notamment des œuvres de gouvernements de bandes des Premières nations du Nord-Ouest du Pacifique. En plus d'être une destination touristique majeure, le MOA est un musée de recherche et d'enseignement où sont dispensés des cours d'art, d'anthropologie, d'archéologie, de conservation et d'études muséales à UBC. Le MOA abrite près de 50 000 objets ethnographiques, ainsi que 535 000 objets archéologiques dans son seul bâtiment.

Le musée est situé au 6393 NW Marine Dr, sur le campus de l'Université de la Colombie-Britannique. MOA et UBC sont situés sur les terrains de dotation de l'Université, qui ne font pas officiellement partie de la ville de Vancouver.

(Source : Wikipedia)

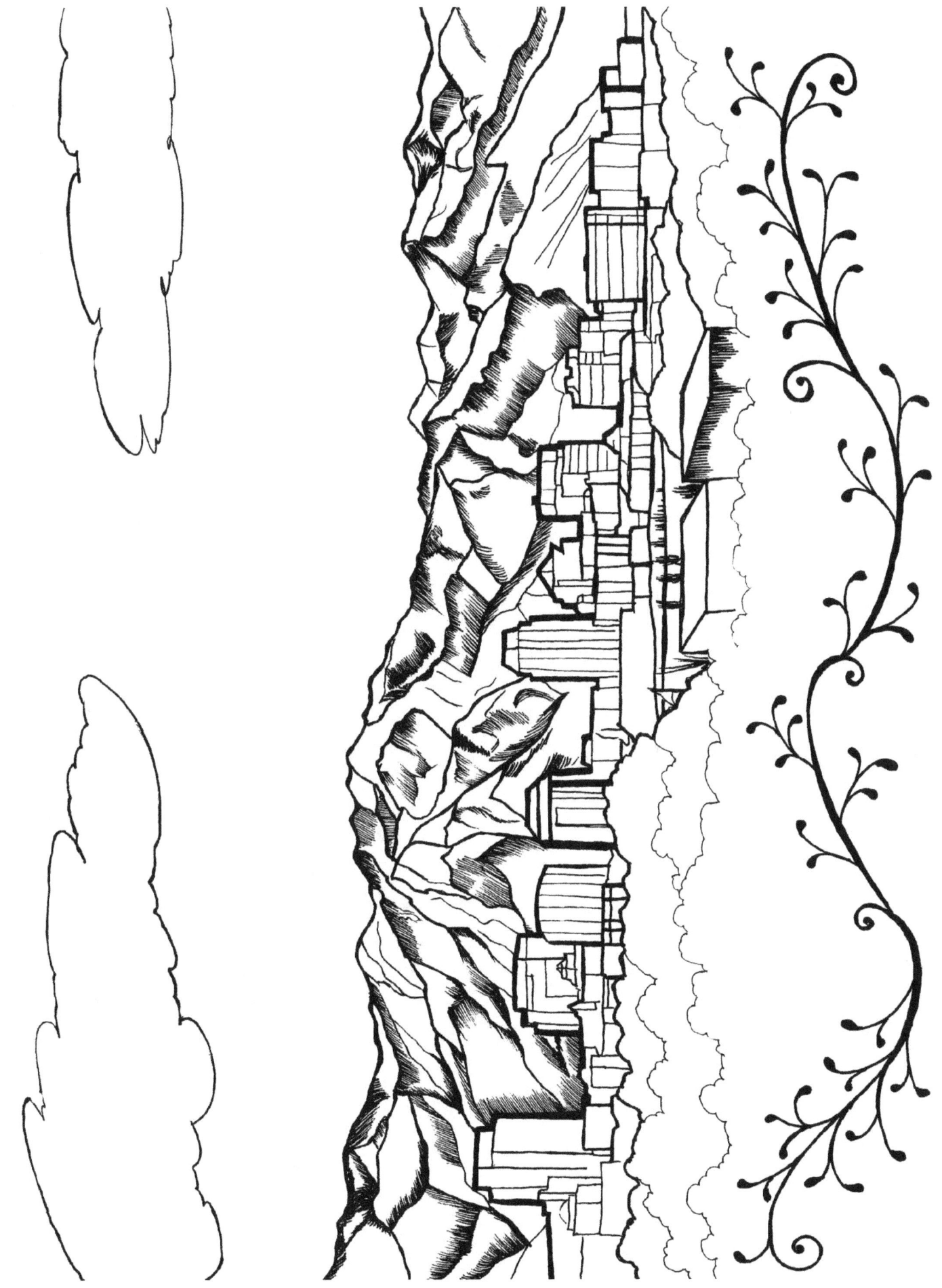

The Rockies

The Canadian Rocky Mountains are famous the world over for their stunning beauty – mountain peaks, forests and the most amazingly coloured lakes and rivers you're ever likely to see!

Unsurprisingly, all this is protected under the guise of several National Parks which cover the Rockies as well as some of the surrounding mountain ranges also. At the northern end of the Canadian Rocky Mountains is Jasper National Park and to the southern end is Banff National Park. In the south west, Banff is bounded by Yoho National Park and Kootenay National Park. In addition to this there are many Provincial Parks, Wilderness Areas and National Historic Sites in the Rockies area too, not to mention the attractive towns of Jasper, Lake Louise and Banff.

On 'infovancouver.com' website you'll find a suggested circular tour which takes in the best of the Rockies. The mileages are indicated between places. That mileages may not be exact but are usually rounded to the nearest 5 or 10.

(Source: infovancouver.com)

Les montagnes Rocheuses canadiennes

Elles sont réputées dans le monde entier pour leur beauté saisissante: sommets montagneux, forêts et lacs et rivières aux couleurs les plus étonnantes à découvrir!

Sans surprise, tout cela est protégé par plusieurs parcs nationaux qui couvrent les Rocheuses et certaines chaînes de montagnes environnantes. À l'extrémité nord des montagnes Rocheuses canadiennes se trouve le parc national Jasper et à l'extrémité sud, le parc national Banff. Banff est délimitée au sud-ouest par le parc national Yoho et le parc national Kootenay. En outre, il existe de nombreux parcs provinciaux, zones de nature sauvage et lieux historiques nationaux dans la région des Rocheuses, sans oublier les villes attrayantes de Jasper, Lake Louise et Banff.

Vous trouverez sur le site web,' infovancouver.com', une suggestion de circuit qui comprend le meilleur des Rocheuses. Il y est indiqué le kilométrage entre les lieux. Veuillez noter que les kilométrages peuvent ne pas être exacts mais sont généralement arrondis au 5 ou 10 le plus proche.

(Source : infovancouver.com)

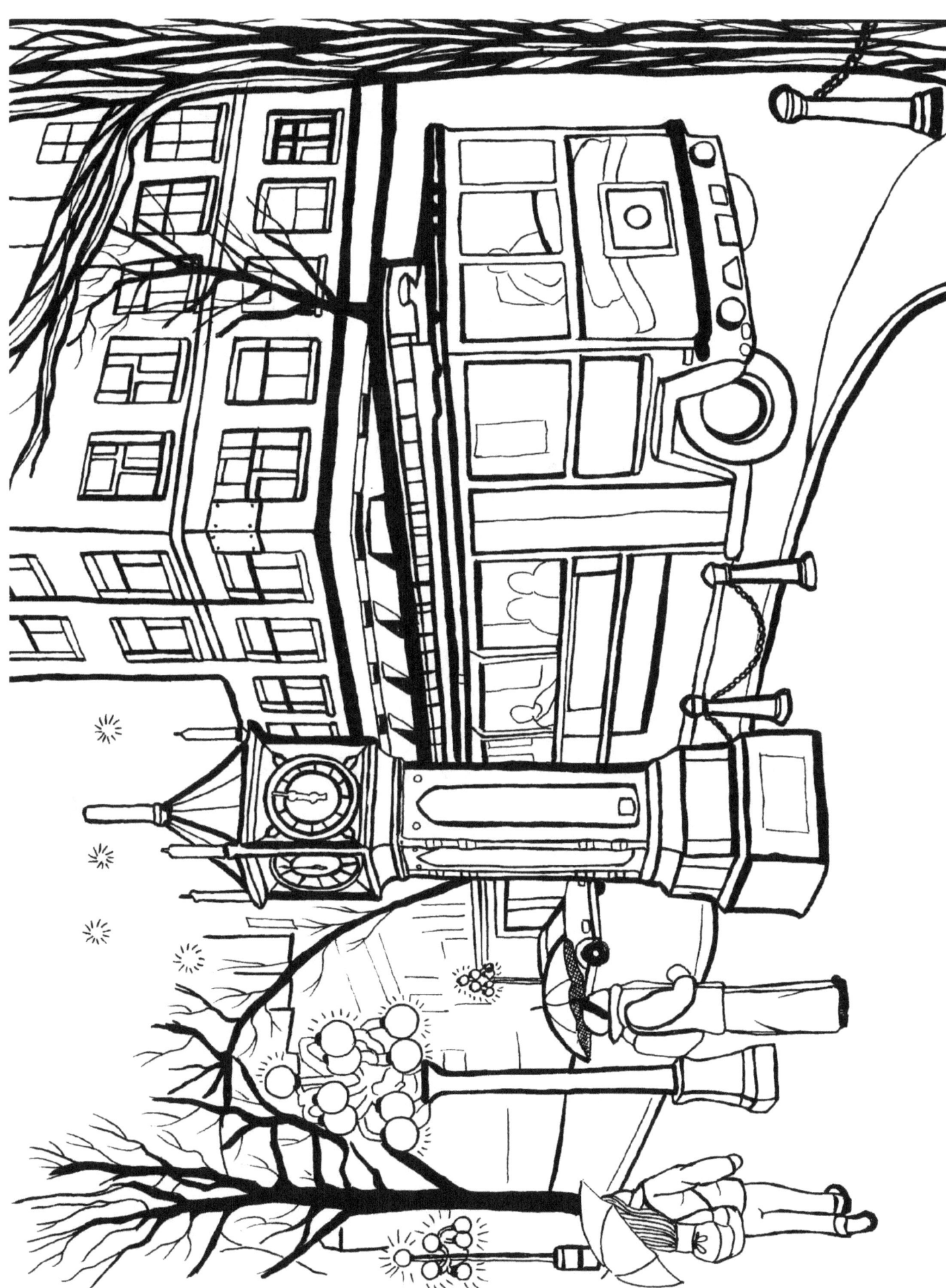

GASTOWN STEAM CLOCK

The Gastown Steam Clock was built in 1977 is one of the only functioning steam-powered clocks in the world and was made by Canadian clockmaker Raymond Saunders. It partially relies on steam to wind its mechanisms, but it also has an electric motor. It whistles and shoots steam at the top of every hour and announces quarter hours with the Westminster Quarters; a common clock chime melody that's also used by London's "Big Ben".

Lively Gastown is known for its whistling Steam Clock and mix of souvenir shops, indie art galleries and decor stores in Victorian buildings. A trendy food and drink scene that includes chic cocktail lounges and restaurants serving everything from gourmet sandwiches to local seafood. Hip eateries also dot the neighboring Downtown Eastside area, while the up-and-coming Railtown district is home to edgy fashion studios.

L'HORLOGE À VAPEUR DE GASTOWN

L'horloge à vapeur de Gastown a été construite en 1977 et est l'une des seules horloges fonctionnant à la vapeur au monde. Elle a été fabriquée par l'horloger canadien Raymond Saunders. L'horloge dépend en partie sur la vapeur pour faire fonctionner ses mécanismes mais il possède également un moteur électrique. Il siffle et souffle de la vapeur à chaque heure et annonce au public le quart d'heure avec les quartiers de Westminster; une mélodie de carillon d'horloge commune qui est également utilisée par le Big Ben de Londres.

Le quartier animé de Gastown est connu pour son horloge à vapeur sifflante et son mélange de boutiques de souvenirs, de galeries d'art indépendantes et de magasins de décoration installés dans des bâtiments victoriens. Une scène d'aliments et de boissons à la mode comprend des bars à cocktails chics et des restaurants servant tout, des sandwichs gastronomiques aux fruits de mer locaux. Des restaurants branchés parsèment également le quartier voisin du Downtown Eastside, tandis que le quartier en plein essor de Railtown abrite des studios de mode avant-gardistes.

(Source : Wikipedia)

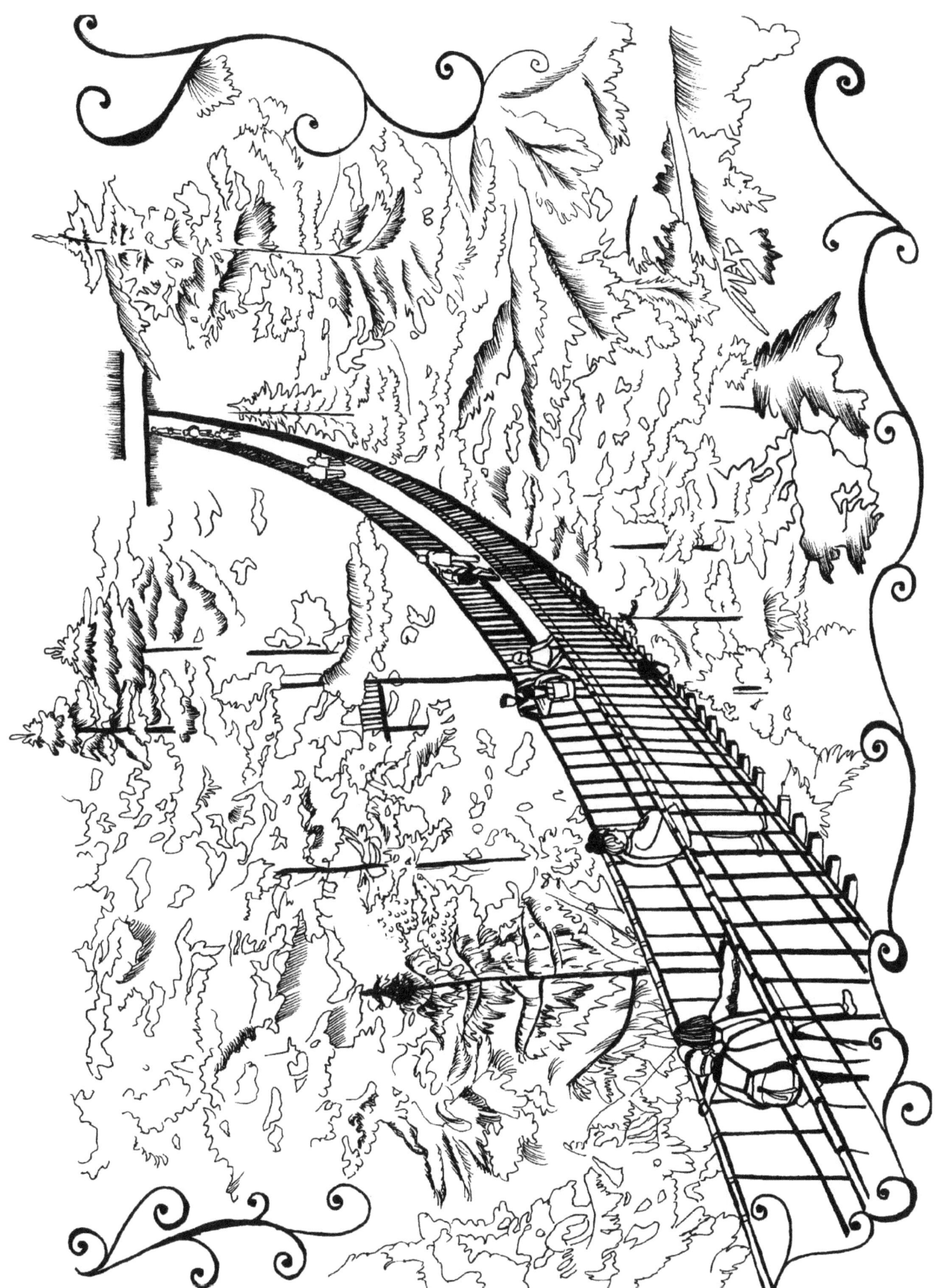

THE CAPILANO SUSPENSION BRIDGE

The Capilano Suspension Bridge is a simple suspension bridge crossing the Capilano River in the District of North Vancouver, British Columbia, Canada. The current bridge is 140 meters (460 ft) long and 70 meters (230 ft) above the river. It is part of a private facility with an admission fee and draws over 800,000 visitors a year.

The bridge was originally built in 1889 by George Grant Mackay, a Scottish civil engineer and park commissioner for Vancouver. It was originally made of hemp ropes with a deck of cedar planks and was replaced with a wire cable bridge in 1903. In 1910 Edward Mahon purchased the Capilano Suspension Bridge. "Mac" MacEachran purchased the Bridge from Mahon in 1935 and invited local natives to place their totem poles in the park, adding a native theme. In 1945, he sold the bridge to Henri Aubeneau.

The bridge was completely rebuilt in 1956.

The park was sold to Nancy Stibbard, the current owner, in 1983. Annual attendance increased, and in May 2004, Treetops Adventures was opened, consisting of seven footbridges suspended between old-growth Douglas Fir trees on the west side of the canyon, forming a walkway up to 30 metres (98 ft) above the forest floor.

PONT SUSPENDU DE CAPILANO

Le pont suspendu de Capilano est un simple pont suspendu traversant la rivière Capilano dans le district de North Vancouver, en Colombie-Britannique, au Canada. Le pont actuel a une longueur de 140 mètres (460 pi) et 70 mètres au-dessus de la rivière. Il fait partie d'un établissement privé payant et attire plus de 800 000 visiteurs par an.

Le pont a été construit en 1889 par George Grant Mackay, ingénieur civil écossais et commissaire du parc pour Vancouver. Il était à l'origine composé de cordes de chanvre et d'un tablier de planches de cèdre. Il a été remplacé par un pont en câble métallique en 1903. En 1910, Edward Mahon a acheté le pont suspendu de Capilano. "Mac" MacEachran a acheté le pont à Mahon en 1935 et a invité les autochtones de l'endroit à placer leurs totems dans le parc, en ajoutant un thème autochtone. En 1945, il vend le pont à Henri Aubeneau.

Le pont a été complètement reconstruit en 1956.

Le parc a été vendu à Nancy Stibbard, le propriétaire actuel, en 1983. La fréquentation annuelle a augmenté et, en mai 2004, Treetops Adventures a été ouvert. Il consiste en sept passerelles suspendues entre des sapins de Douglas âgés sur le côté ouest du canyon, formant une allée jusqu'à 30 mètres au-dessus du sol de la forêt.

(Source : Wikipedia)

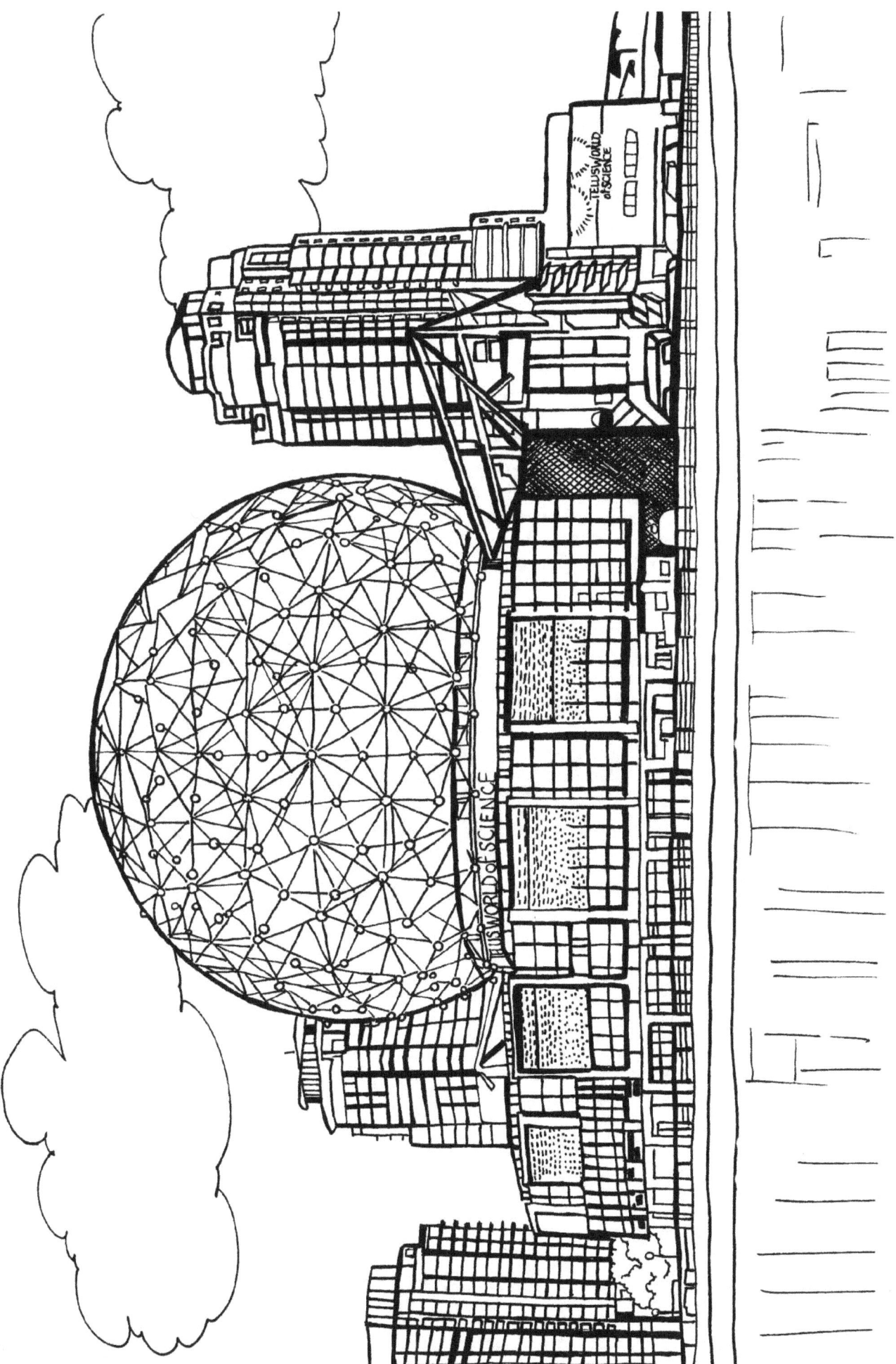

Science World at Telus World of Science

Science World at Telus World of Science, Vancouver is a science center run by a not-for-profit organization in Vancouver, British Columbia, Canada. It is located at the end of False Creek, and features many permanent interactive exhibits and displays, as well as areas with varying topics throughout the years.

(Source: Wikipedia)

TripAdvisor says: Science World at TELUS World of Science ignites the imagination with hands-on interactive exhibits, jaw-dropping live science shows, and the giant-screen OMNIMAX(R) Theatre. Fun for all ages, Science World is sure to jumpstart your imagination.

(Source: tripadvisor.com)

Monde de science chez Telus

Science World à Telus World of Science, Vancouver est un centre des sciences géré par un organisme à but non lucratif situé à Vancouver, en Colombie-Britannique, au Canada. Il est situé à l'extrémité de False Creek et présente de nombreuses expositions permanentes et interactives, ainsi que des zones avec des sujets variés au fil des ans.

(Source : Wikipedia)

TripAdvisor déclare: Science World à TELUS World of Science enflamme l'imagination grâce à des expositions interactives, à des émissions scientifiques en direct époustouflantes et au théâtre géant OMNIMAX (R). Amusant pour tous les âges, Science World relancera votre imagination.

(Source : tripadvisor.com)

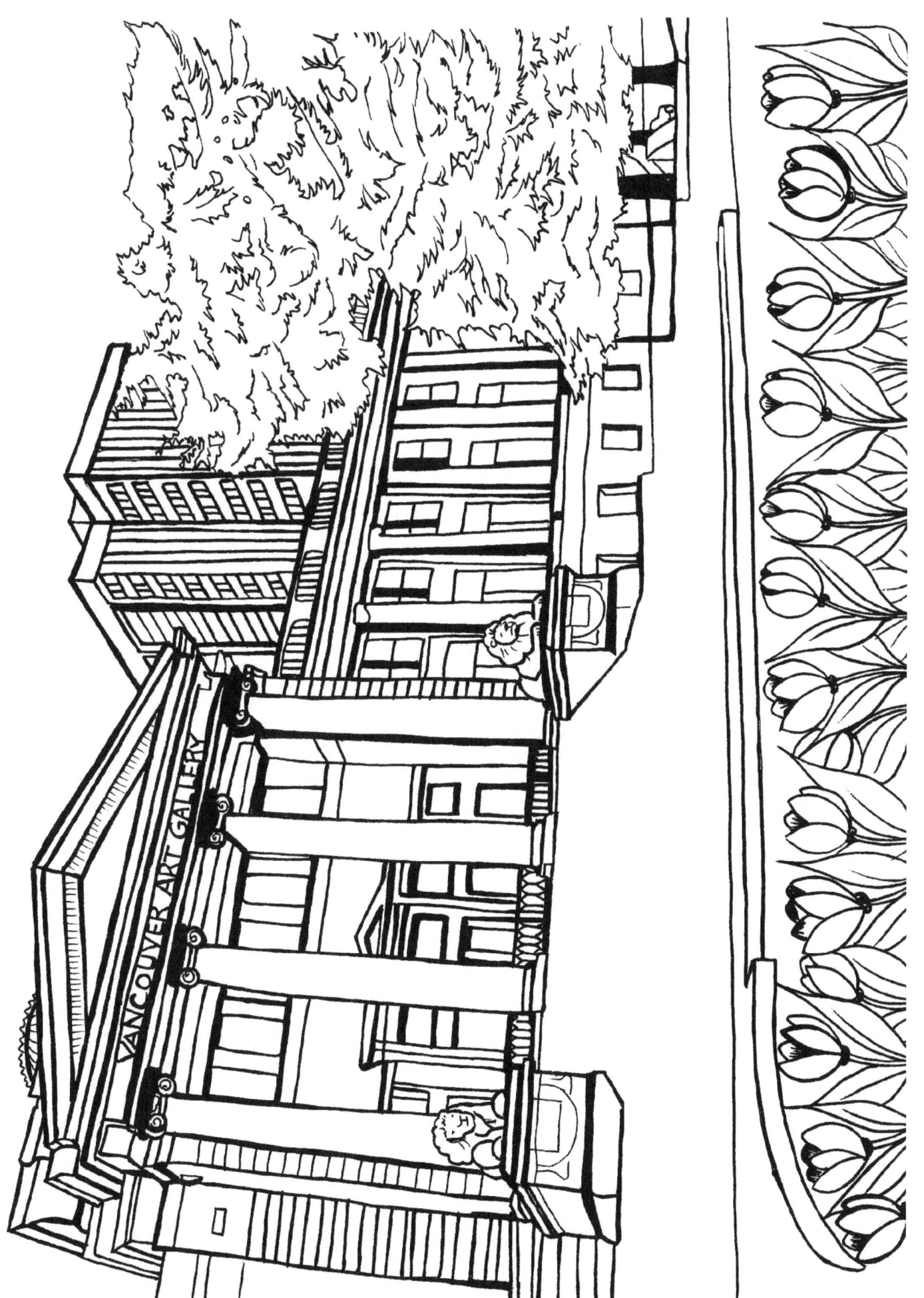

VANCOUVER ART GALLERY

The Vancouver Art Gallery is the fifth-largest art gallery in Canada, and the largest in Western Canada. It is located at 750 Hornby Street in Vancouver, British Columbia. Its permanent collection of about 11,000 artworks includes more than 200 major works by Emily Carr, the Group of Seven, Jeff Wall, Harry Callahan and Marc Chagall.

The gallery has 41,400 square feet (3,850 m^2) of exhibition space and more than 11,000 works in its collection, most notably its Emily Carr collection. It has also amassed a significant collection of photographs. In addition to exhibitions of its own collection, the gallery regularly hosts international touring exhibitions. The gallery also features a variety of public programmes and lectures. The gallery also has a gift shop, a café, and a library.

LA GALERIE D'ART DE VANCOUVER

La Galerie d'Art de Vancouver est la cinquième plus grande galerie d'art au Canada et la plus grande de l'Ouest canadien. Il est situé au 750, rue Hornby, à Vancouver, en Colombie-Britannique. Sa collection permanente d'environ 11 000 œuvres comprend plus de 200 œuvres majeures d'Emily Carr, du Groupe des Sept, de Jeff Wall, de Harry Callahan et de Marc Chagall.

La galerie dispose de 3 850 m2 (41,400 pieds carrés) d'espaces d'exposition et de plus de 11 000 œuvres, dont notamment la collection Emily Carr. Il a également constitué une importante collection de photographies. En plus des expositions de sa propre collection, la galerie accueille régulièrement des expositions itinérantes internationales. La galerie propose également une variété de programmes publics et de conférences. La galerie possède également une boutique de souvenirs, un café et une bibliothèque.

(Source : Wikipedia)

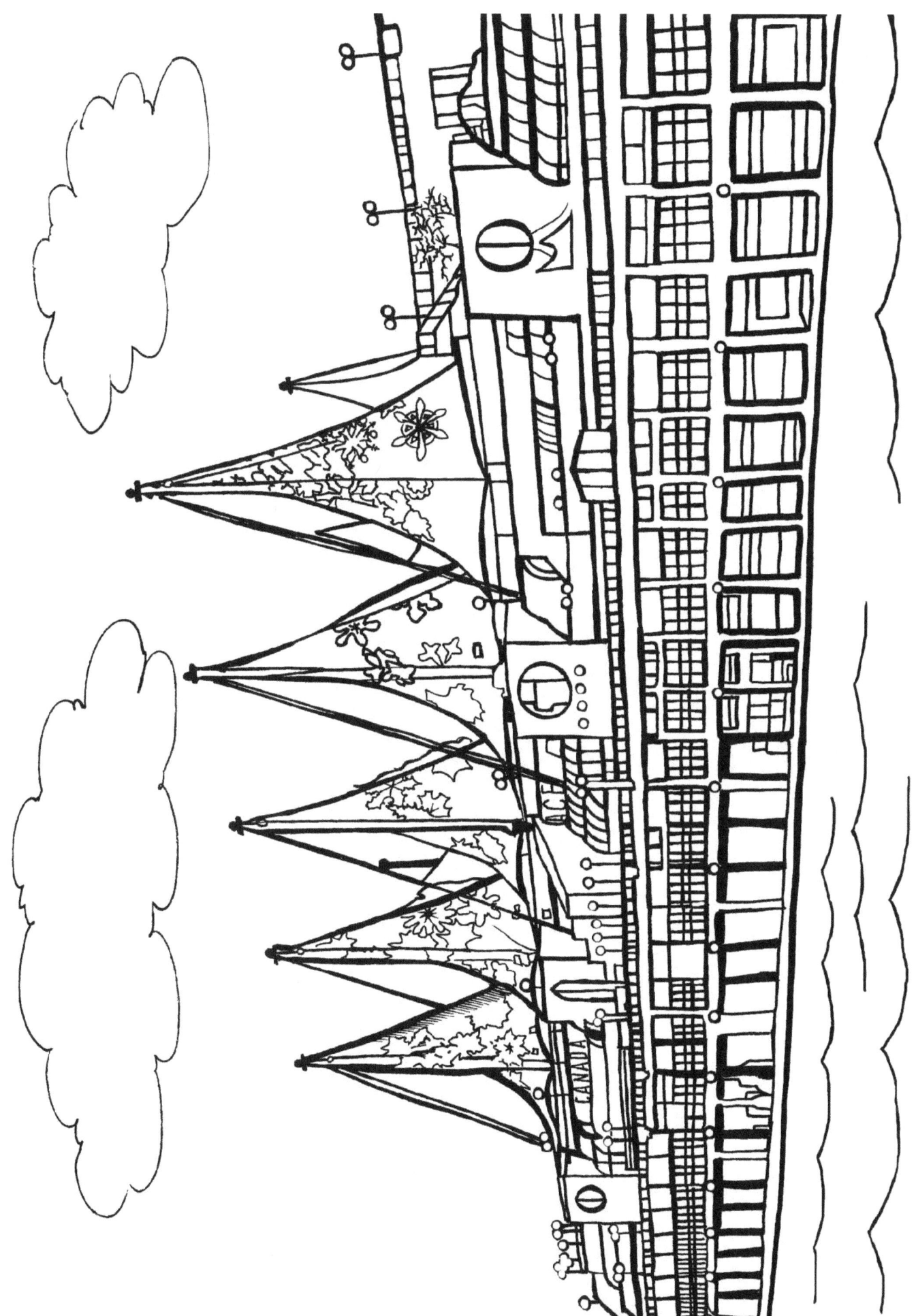

CANADA PLACE

is a building situated on the Burrard Inlet waterfront of Vancouver, British Columbia. It is the home of the Vancouver Convention Centre, the Pan Pacific Vancouver Hotel, Vancouver's World Trade Centre, and the virtual flight ride FlyOver Canada. The building's exterior is covered by fabric roofs resembling sails. It is also the main cruise ship terminal for the region, where Vancouver's famous cruises to Alaska originate. The building was designed by architects Zeidler Roberts Partnership in joint venture with Musson Cattell Mackey Partnership and DA Architects + Planners.

Canada Place can be reached via the SkyTrain line at the nearby Waterfront Station terminus or via West Cordova Street in Vancouver. The white sails of the building have made it a prominent landmark for the city, as well as drawing comparisons to the Sydney Opera House in Sydney, Australia and the Denver International Airport in Denver, Colorado. The structure was expanded in 2001 to accommodate another cruise ship berth and in 2009/10, for the 2010 Winter Olympics, Canada Place served as the Main Press Centre. (Source: Wikipedia)

Experience Canada at Canada Place. Walk across our great nation on The Canadian Trail, take a ride on FlyOver Canada, or watch the Sails of Light nightly. The five white sails atop Canada Place have been a Canadian icon, a recognizable landmark around the world since 1986, that identifies the Vancouver waterfront and Canada. The 90-foot sails are made of Teflon coated fiberglass.

Canada Day at Canada Place is proud to host the nation's largest birthday celebration outside of Ottawa, featuring a full day of live music, performances, food and family-friendly activities.

Canada Place provides inspirationally Canadian experiences, from interactive and educational elements to world-class national celebrations.

Canada Place est un bâtiment situé dans le secteur riverain de Burrard Inlet, à Vancouver, en Colombie-Britannique. Il abrite le Vancouver Convention Centre, le Pan Pacific Vancouver Hotel, le World Trade Centre de Vancouver et le vol virtuel FlyOver Canada. L'extérieur du bâtiment est recouvert de toits en tissu rappelant des voiles. C'est également le principal terminal de croisière pour la région, d'où proviennent les célèbres croisières de Vancouver en Alaska. Le bâtiment a été conçu par les architectes Zeidler Roberts Partnership en joint-venture avec Musson Cattell Mackey Partnership et DA Architects + Planners.
On peut rejoindre Canada Place via la ligne SkyTrain au terminus voisin de Waterfront Station ou via West Cordova Street à Vancouver. Les voiles blanches du bâtiment en ont fait un site emblématique de la ville, ainsi que des comparaisons entre l'Opéra de Sydney à Sydney en Australie et l'aéroport international de Denver à Denver au Colorado. La structure a été agrandie en 2001 pour accueillir un autre poste de bateau de croisière. En 2009/10, Canada Place a été le principal centre de presse des Jeux olympiques d'hiver de 2010.

Découvrez le Canada à travers Canada Place. Traversez notre grande nation sur le Canadian Trail, faites un tour sur FlyOver Canada ou observez les voiles illuminés en soirée. Les cinq voiles blanches au sommet de la Place du Canada sont une icône canadienne, un repère reconnaissable dans le monde entier depuis 1986, qui identifie le secteur riverain de Vancouver et le Canada. Les voiles de 90 pieds sont en fibre de verre enduite de téflon.

(Source : Wikipedia)

Fête du Canada à Canada Place
La Place du Canada est fière d'accueillir la plus grande fête d'anniversaire du pays à l'extérieur d'Ottawa, avec une journée complète de musique en direct, de spectacles, d'aliments et d'activités familiales.

La Place du Canada offre des expériences d'inspiration canadienne, des éléments interactifs et éducatifs aux célébrations nationales de calibre mondial.

(Source : canadaplace.ca)

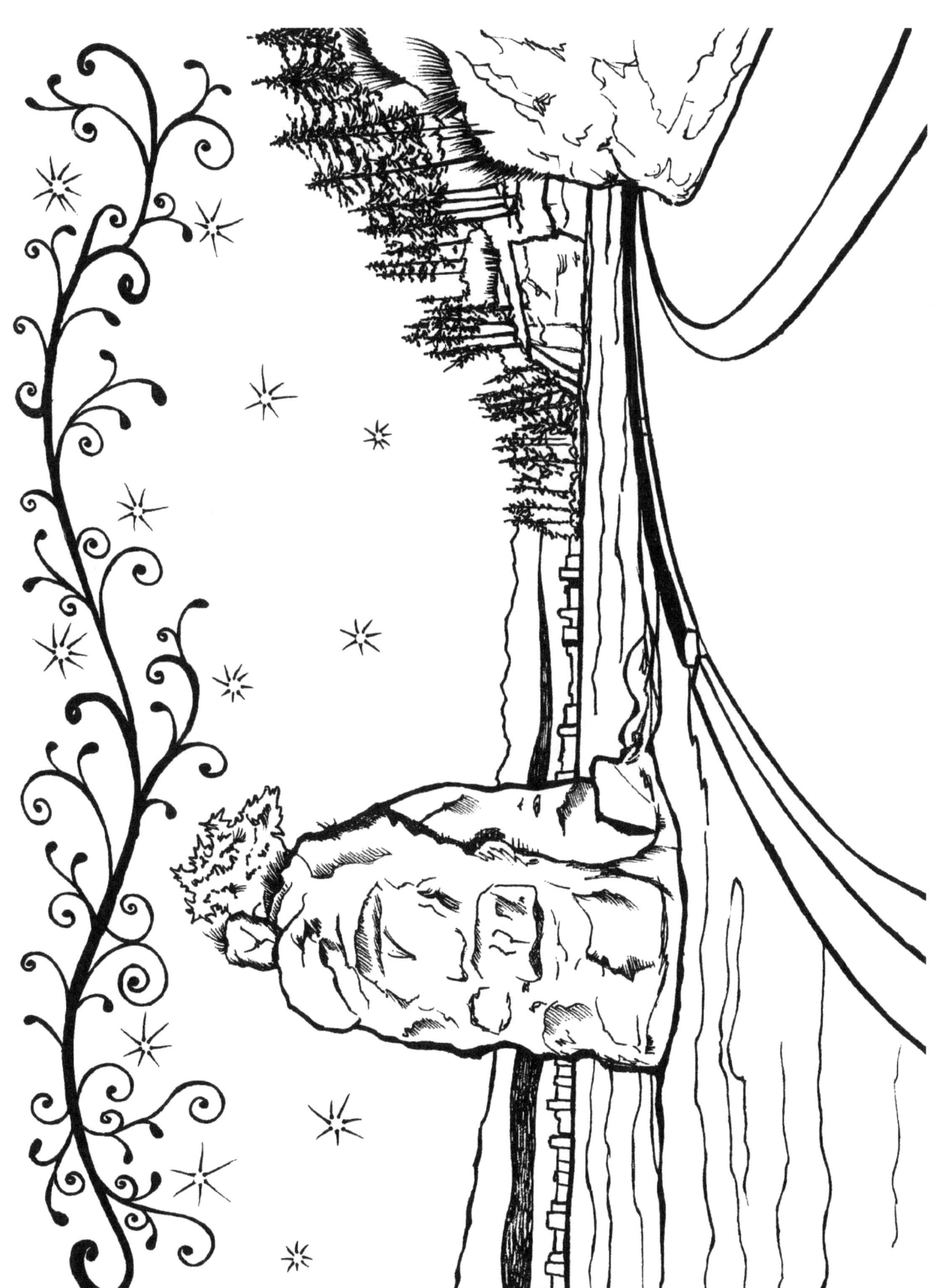

The Seawall in Vancouver

Vancouver has the world's longest uninterrupted waterfront path. The 28 km Seaside Greenway is an uninterrupted pathway, including the Stanley Park Seawall, that extends from the Vancouver Convention Centre to Spanish Banks Park.

Perfect for a walk, cycle, or jog, it is the most popular recreational spot in the city.

The Seawall is divided in to two clearly marked sections - one for walkers and joggers (closest to the water), and one for cyclists and inline skaters (inside path).

Be sure to follow the signs to make sure you use the seawall safely, especially on sunny summer days and weekends when the area is particularly busy.

La Digue de Vancouver

Vancouver possède le plus long sentier ininterrompu du secteur riverain au monde. La voie verte longeant la mer, d'une longueur de 28 km, est une voie ininterrompue, y compris la digue du parc Stanley, qui s'étend du centre des conventions de Vancouver du parc 'Spanish Banks'.

Parfait pour la marche, le vélo ou le jogging, c'est le lieu de loisirs le plus populaire de la ville.

La digue est divisée en deux sections clairement indiquées: une pour les randonneurs et les joggeurs (la plus proche de l'eau) et une pour les cyclistes et les patineurs à roues alignées (voie intérieure).

Suivez les panneaux pour vous assurer que vous utilisez la digue en toute sécurité, en particulier les jours d'été et les week-ends ensoleillés, lorsque la zone est particulièrement fréquentée.

(Source : Vancouver.ca)

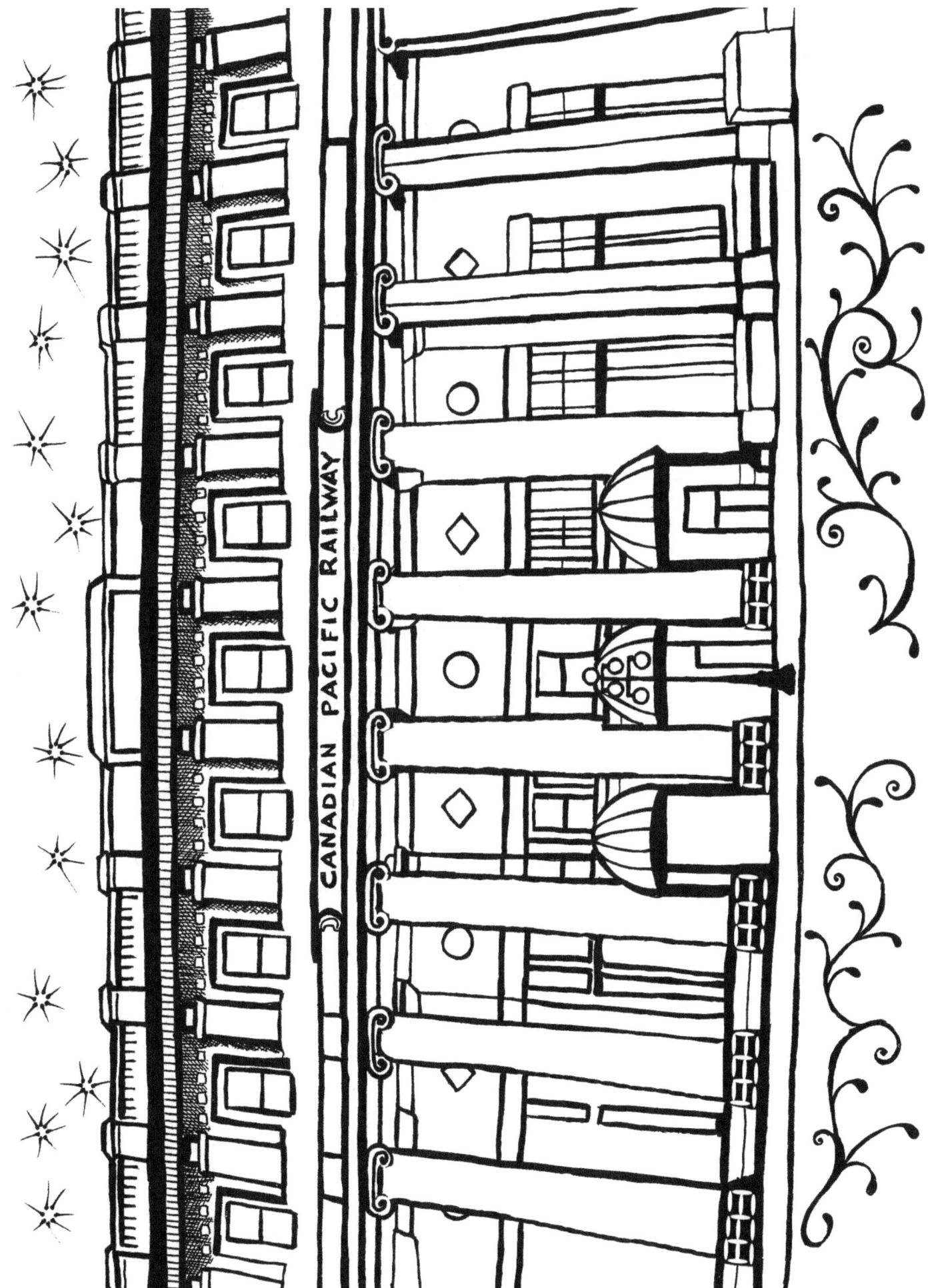

The Canadian Pacific Railway company

The Canadian Pacific Railway company was incorporated in 1881. Its original purpose was the construction of a transcontinental railway, a promise to British Columbia upon its entry into Confederation. The railway — completed in 1885 — connected Eastern Canada to BC and played an important role in the development of the nation. Built in dangerous conditions by thousands of laborers (including 15,000 Chinese temporary workers), the railway facilitated communications and transportation across the country. Over its long history, CPR diversified, establishing hotels, shipping lines and airlines, and developed mining and telecommunications industries. In 2001, Canadian Pacific separated into five separate and independent companies, with Canadian Pacific Railway returning to its origins as a railway company. CP, as it is branded today, has over 22,500 km of track across Canada and the United States. It is a public company and trades on the Toronto Stock Exchange and New York Stock Exchange under the symbol CP. In 2016, CP had $6.2 billion in revenue and $1.6 billion in profit and held assets valued at $19.2 billion.

In 1870, the newly created nation of Canada acquired Rupert's Land from the Hudson's Bay Company, an enormous tract of land stretching north and west; one year later, British Columbia entered Confederation based in part on the promise that a transcontinental railway would connect it to the rest of Canada within 10 years. To construct the railway and encourage future settlement, the government considered it necessary to extinguish Aboriginal title to the land. Bound by the terms of the Royal Proclamation, Canada was responsible for the protection of its Indigenous people and promised to preserve their rights to unseeded traditional territories.

La compagnie de chemin de fer Canadien Pacifique

La compagnie de chemin de fer Canadien Pacifique a été constituée en société en 1881. Son objectif initial était la construction d'un chemin de fer transcontinental, une promesse faite à la Colombie-Britannique lors de son entrée dans la Confédération. Le chemin de fer - achevé en 1885 - reliait l'Est du Canada à la Colombie-Britannique et jouait un rôle important dans le développement de la nation. Construit dans des conditions dangereuses par des milliers de travailleurs (y compris 15 000 travailleurs temporaires chinois), le chemin de fer a facilité les communications et le transport à travers le pays. Au cours de sa longue histoire, le CP a diversifié ses activités en établissant des hôtels, des lignes de transport maritime et des compagnies aériennes et en développant les industries des mines et des télécommunications. En 2001, le Canadien Pacifique s'est séparé en cinq sociétés distinctes et indépendantes, le Chemin de fer Canadien Pacifique ayant retrouvé ses origines en tant que compagnie de chemin de fer. Tel que sa marque actuelle, le CP compte plus de 22 500 km de pistes au Canada et aux États-Unis. Il s'agit d'une société ouverte qui est inscrite à la Bourse de Toronto et à la Bourse de New York sous le symbole CP. En 2016, les revenus du CP, ses bénéfices de 1,6 milliard de dollars et ses actifs détenus s'élevaient à 6,2 milliards de dollars et ses actifs détenus à 19,2 milliards de dollars.

En 1870, la nation nouvellement créée, le Canada, acquit la Terre de Rupert de la Compagnie de la Baie d'Hudson, une immense étendue de terres s'étendant du nord au ouest. Un an plus tard, la Colombie-Britannique entrait dans la Confédération en partie grâce à la promesse qu'un chemin de fer transcontinental le relierait au reste du Canada d'ici 10 ans. Pour construire le chemin de fer et encourager la colonisation future, le gouvernement a jugé nécessaire d'éteindre le titre de propriété ancestral des terres. Respectant les termes de la Proclamation royale, le Canada était responsable de la protection de ses peuples autochtones et s'était engagé à préserver leurs droits sur des territoires traditionnels non ensemencés.

(Source : thecanadianencyclopedia.ca)

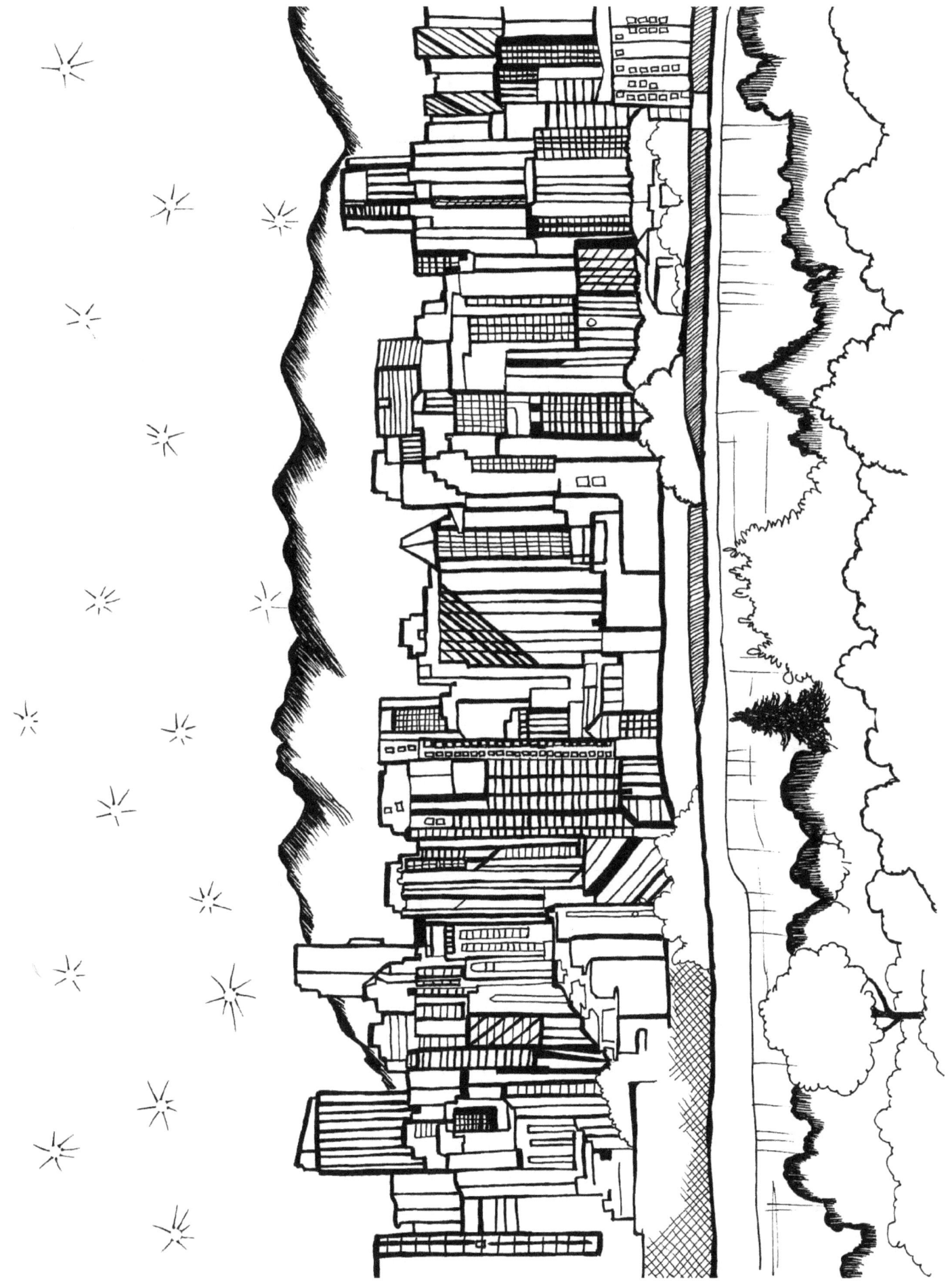

10 cool facts about Vancouver

-Vancouver was recently ranked as the third most "livable place in the world" for its high standard of living and quality of life. While it is ranked as the 10th cleanest city in the world.

-Vancouver has the 4th largest cruise ship terminal in the world.

-Home to Canada's longest pool. Measuring 137.5 meters (451 feet), it is nearly the size of three Olympic pools. This outdoor, saltwater pool is a major tourist attraction and is open year-round.

-Vancouver has the highest real estate prices in Canada. In 2011, the average price of a detached home was a staggering $1,204,587. Some say this is close to rivaling New York City and London.

-Vancouver is the largest film production center in North America after Los Angeles and New York City

-Stanley Park, an urban oasis, is 10% larger than New York City's Central Park. It is a staggering 1001 acres.

-The Vancouver Aquarium ranks in the top 5 worldwide.

-Downtown Vancouver is 65% residential. Don't be surprised to see a lot of high-rise condominiums.

-Vancouver has the mildest climate in Canada. Although, it receives on average, 1,589mm of rain per year.

-Greenpeace, one of the world's oldest and most successful environmental groups was established in Vancouver.

---

10 faits intéressants sur Vancouver

-Vancouver a récemment été classée au troisième rang des « lieux de vie les plus agréables au monde » pour son niveau de vie élevé et sa qualité de vie. Bien qu'elle soit classée comme la 10ème ville la plus propre du monde.

-Vancouver possède le 4ème plus grand terminal de navires de croisière au monde.

-Berceau du plus long bassin du Canada. Mesurant 137,5 mètres (451 pieds), il fait presque la taille de trois piscines olympiques. Cette piscine extérieure d'eau salée est une attraction touristique majeure et est ouverte toute l'année.

-Vancouver a les prix immobiliers les plus élevés au Canada. En 2011, le prix moyen d'une maison individuelle s'élevait à 1 204 587 $. Certains disent que cela est proche de la ville de New York et de Londres.

-Vancouver est le plus grand centre de production de films en Amérique du Nord après Los Angeles et New York
Stanley Park, une oasis urbaine, est 10% plus grand que le Central Park de la ville de New York. C'est une stupéfiante 1001 acres.

-L'aquarium de Vancouver se classe dans le top 5 mondial.

-Le centre-ville de Vancouver est résidentiel à 65%. Ne soyez pas surpris de voir beaucoup de copropriétés de grande hauteur. Vancouver a le climat le plus doux au Canada. Il reçoit en moyenne 1 589 mm de pluie par an.

-Greenpeace, l'un des groupes environnementaux les plus anciens et les plus prospères au monde, a été créé à Vancouver.

(Source : http://www.geosvancouver.com)

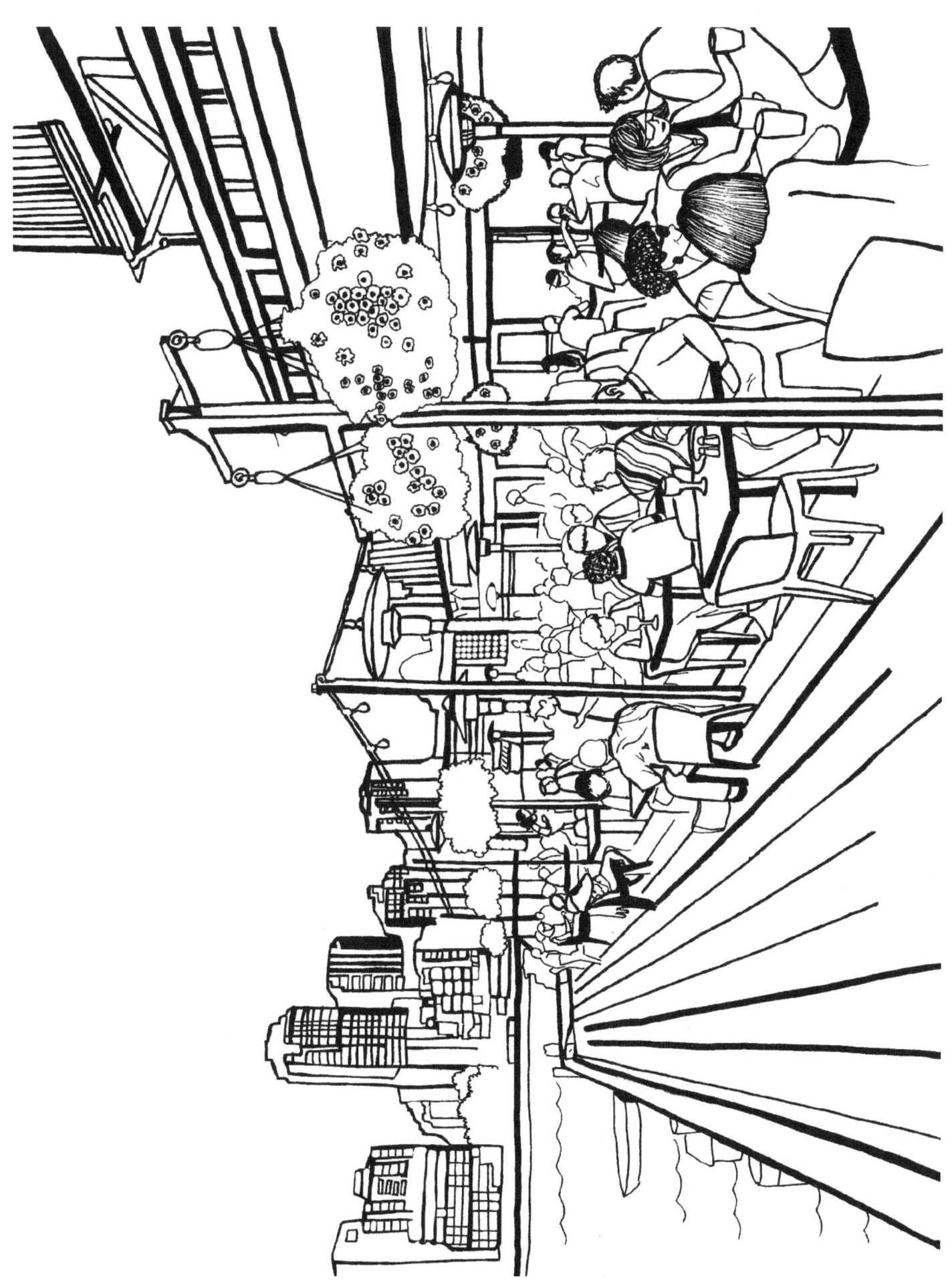

Bridges Restaurant – Granville Island Landmark in the heart of Vancouver

Located on the western tip of Granville Island in the heart of Vancouver, Bridges has been a landmark restaurant operation since 1980. The views of the city skyline, north shore mountains and the marine activity of False Creek cannot be beat! Bridges has a stunning location, overlooking the fishing boats in False Creek and the mountains of the North Shore. The 2nd floor dining room features a vaulted ceiling highlighting the original beams and trusses of this 1920's building, with floor to ceiling windows capturing every part of the view. In a casually elegant atmosphere, the chef presents a menu featuring fresh seafood, rich meats and local produce.

Bridges Patio: An Institution
The patio at bridges is nothing less than an institution in Granville Island—the place to be in the city when the sun comes out to play—and this year is no exception.

The Place to Be for Seafood and Fish!
Indeed, for years now, Vancouverites know that the surest way to tell if summer has truly arrived is when the 2nd Beach Swimming Pool in Stanley Park and the Patio at Bridges Restaurant officially open for business. This summer season at bridges is especially exciting as we're going to be making some mouth-watering menu changes, namely a renewed focus on what we do best—Seafood and Fish.
What better way to enjoy the summer in Vancouver's Granville Island than trying out our refreshing seafood and fish fare! Our bistro chef, Ross Collier, and his team have been working around the clock to unveil these new, fresh, fantastic, and handcrafted dishes for a truly savoury summer experience. (Source : bridgesrestaurant.com)

Bridges Restaurant - Granville Island Landmark au cœur de Vancouver

Situé à la pointe ouest de Granville Island, au cœur de Vancouver, Bridges est un restaurant emblématique depuis 1980. Les vues sur la ville, les montagnes de la côte nord et l'activité maritime de False Creek sont imbattables! Bridges bénéficie d'un emplacement exceptionnel, surplombant les bateaux de pêche de False Creek et les montagnes de la côte nord. La salle à manger située au 2ème étage présente un plafond voûté soulignant les poutres et les poutres d'origine de ce bâtiment des années 1920, avec des baies vitrées capturant chaque partie de la vue. Dans une atmosphère décontractée et élégante, le chef propose un menu composé de fruits de mer frais, de viandes riches et de produits locaux.
Terrasse Bridges : une institution
La terrasse du Restaurant Bridges n'est rien de moins qu'une institution à Granville Island - l'endroit où il fait bon être en ville lorsque le soleil est au rendez-vous - et cette année ne fait pas exception.

L'endroit idéal pour les fruits de mer et le poisson!
En effet, depuis de nombreuses années, les habitants de Vancouver savent que le meilleur moyen de savoir si l'été est bien arrivé est l'ouverture officielle de la 2e plage à Stanley Park et du Patio at Bridges Restaurant. Cette saison estivale sur les ponts est particulièrement excitante, car nous allons procéder à des changements appétissants dans le menu, notamment un recentrage sur ce que nous faisons de mieux - les produits de la mer et le poisson.

Quelle meilleure façon de profiter de l'été sur l'île Granville de Vancouver que de goûter à nos plats de fruits de mer et de poisson rafraîchissants! Notre chef de bistrot, Ross Collier, et son équipe ont travaillé sans relâche pour dévoiler ces nouveaux plats frais, fantastiques et artisanaux pour une expérience estivale vraiment savoureuse.

(Source: bridgesrestaurant.com)

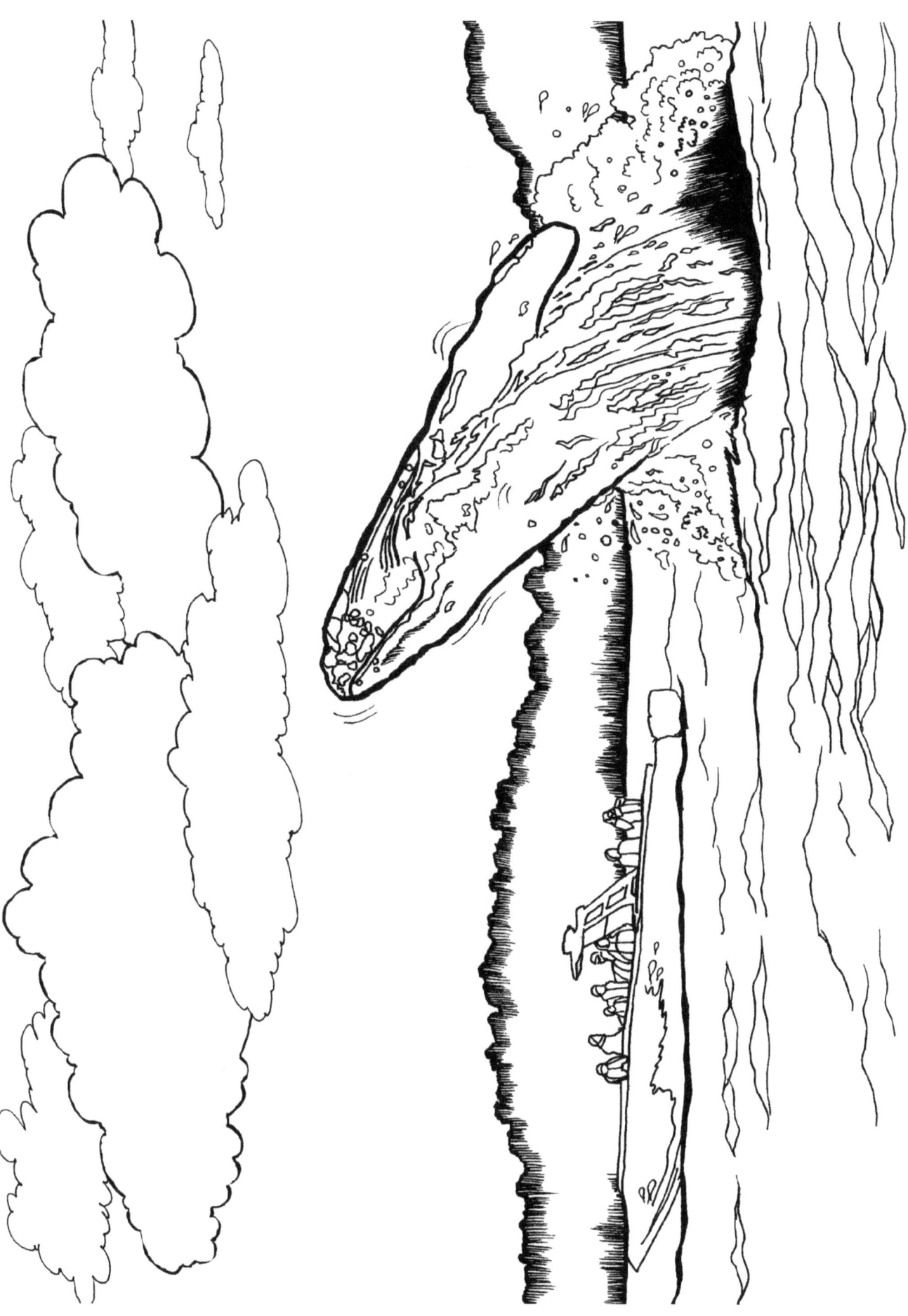

Whale Watching

From March to October each year, thousands of whales migrate through the waters near Vancouver, making it one of the world's best locations for whale watching. See our photos below to get an idea of what you'll see on your upcoming whale watching trip. Several tour operators offer whale watching expeditions around the Gulf and San Juan islands, so you can spot pods of whales from a high-speed zodiac, fully-equipped cruiser, kayak or seaplane.

Many varieties of whales pass through these northern waterways, including humpback whales, orcas, grey whales and mink whales. But sea-faring mammals aren't all you'll see on these trips. Make sure to bring a pair of binoculars, because in addition to whales, it's quite common to spot a range of seabirds, such as brown pelicans, harlequin ducks, Pacific loons, tufted puffins and bald eagles.
When it comes to whale watching tours, orcas are often considered the main attraction. The waters around Vancouver Island host large resident pods of nearly 100 of these whales, as well as small pods of transient orcas that travel across wide ranges of coastline. From May to October, it's prime viewing time to see southern resident orcas feeding on migrating salmon in the Strait of Georgia and the Gulf Islands. But the late summer months are ideal for spotting northern resident orcas, which feed in the Johnstone Strait.
From sea lions and otters, to dolphins and birds, British Columbia's remote coastal areas are teeming with a wide range of marine creatures. Keep an eye out — and your camera ready.

L'observation des baleines

De mars à octobre, des milliers de baleines migrent dans les eaux proches de Vancouver, ce qui en fait l'un des meilleurs endroits au monde pour l'observation des baleines. Consultez nos photos ci-dessous pour avoir une idée de ce que vous verrez lors de votre prochain voyage d'observation des baleines. Plusieurs voyagistes proposent des expéditions d'observation des baleines dans les îles du golfe et de San Juan afin que vous puissiez apercevoir des groupes de baleines à partir d'un zodiac à grande vitesse, d'un croiseur, d'un kayak ou d'un hydravion entièrement équipé.

De nombreuses variétés de baleines passent par ces voies navigables du Nord, notamment les baleines à bosse, les orques, les baleines grises et les visons. Mais les mammifères marins ne sont pas tout ce que vous verrez lors de ces voyages. Assurez-vous d'apporter une paire de jumelles, car outre les baleines, il est assez fréquent de repérer toute une gamme d'oiseaux marins, tels que les pélicans bruns, les canards arlequins, les huards du Pacifique, les macareux touffus et les pygargues à tête blanche.
Quand il s'agit d'observer les baleines, les orques sont souvent considérés comme la principale attraction. Les eaux entourant l'île de Vancouver abritent d'importants groupes de résidents de près de 100 de ces baleines, ainsi que de petits groupes d'orphes transitoires traversant de vastes étendues de côtes. De mai à octobre, le moment idéal pour regarder des orques du sud se nourrissant de saumons en migration dans le détroit de Georgia et les îles Gulf. Mais la fin de l'été est idéale pour observer les orques du Nord, qui se nourrissent dans le détroit de Johnstone. Des otaries et des loutres aux dauphins et aux oiseaux, les régions côtières reculées de la Colombie-Britannique regorgent de créatures marines. Gardez un œil sur vous et votre appareil photo prêt.

(Source : tourismvancouver.com)

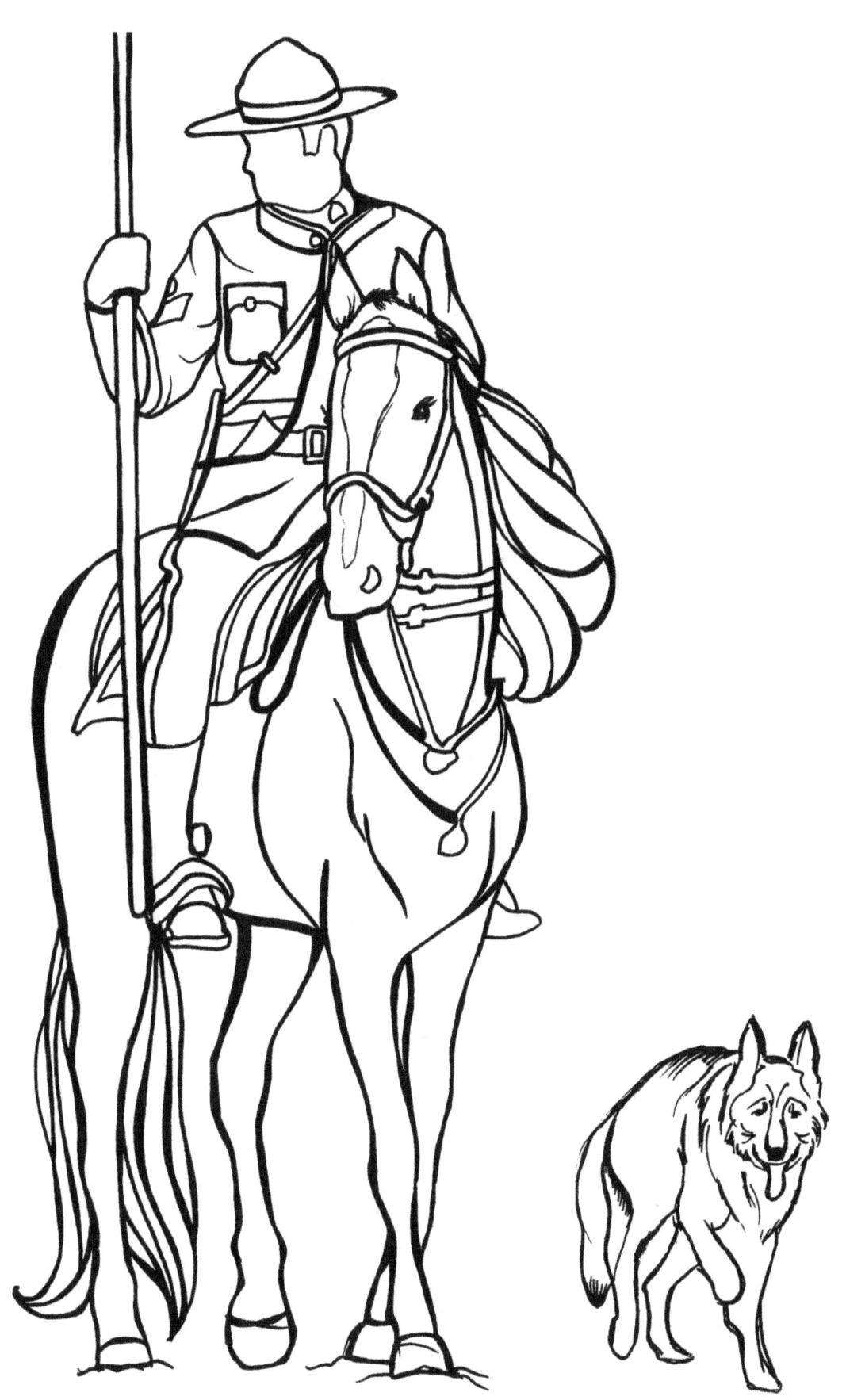

The Royal Canadian Mounted Police

Known as The "Mounties", and internally as "the Force" is the federal and national police force of Canada. The RCMP provides law enforcement at the federal level. It also provides provincial policing in eight of Canada's provinces (Alberta, British Columbia, Manitoba, New Brunswick, Newfoundland and Labrador, Nova Scotia, Prince Edward Island, and Saskatchewan) and local policing on contract basis in the three territories (Northwest Territories, Nunavut, and Yukon) and more than 150 municipalities, 600 aboriginal communities, and three international airports. The RCMP does not provide provincial or municipal policing in either Ontario or Quebec.

A bit of History

Prime Minister Sir John A. Macdonald first began planning a permanent force to patrol the North-West Territories after the Dominion of Canada purchased the territory from the Hudson's Bay Company. Reports from Army officers surveying the territory led to the recommendation that a mounted force of between 100 to 150 mounted riflemen could maintain law and order. However, officials in the United States raised concerns that an armed force along the border was a prelude to a military build-up. Macdonald then renamed the force the North-West Mounted Police (NWMP) when formed in 1873.

In 1920 and was renamed as the "Royal Canadian Mounted Police". The new organization was charged with federal law enforcement in all the provinces and territories, and immediately established its modern role as protector of Canadian national security, as well as assuming responsibility for national counterintelligence. (Source: Wikipedia)

The original horses of the Royal Canadian Mounted Police were a far cry from the well-bred, black horses on tour today. The RCMP has bred and raised its own horses since 1939 and produces some of the finest horses in Canada today with very high standards. (Source: horsecanada.com)

La Gendarmerie royale du Canada

Connue sous le nom de "Gendarmerie", et à l'interne "Force de police", est la force de police fédérale et nationale du Canada. La GRC assure l'application de la loi au niveau fédéral. Il fournit également des services de police provinciaux dans huit des provinces canadiennes (Alberta, Colombie-Britannique, Manitoba, Nouveau-Brunswick, Terre-Neuve-et-Labrador, Nouvelle-Écosse, Île-du-Prince-Édouard et Saskatchewan) et des services de police locaux à contrat dans les trois territoires (Territoires du Nord-Ouest, Nunavut), leYukon et plus de 150 municipalités, 600 communautés autochtones et trois aéroports internationaux. La GRC ne fournit pas de services de police provinciaux ou municipaux en Ontario et au Québec.

Un peu d'histoire

Le Premier ministre Sir John A. Macdonald a commencé par planifier la création d'une force permanente de patrouille dans les Territoires du Nord-Ouest après que le Dominion du Canada eut acheté le territoire à la Compagnie de la Baie d'Hudson. Les rapports d'officiers de l'armée qui ont inspecté le territoire ont abouti à la recommandation selon laquelle une force montée de 100 à 150 fusiliers à cheval pourrait maintenir la loi et l'ordre. Aux États-Unis, des responsables ont toutefois fait part de leurs préoccupations selon lesquelles une force armée le long de la frontière était le prélude à une montée en puissance militaire. Macdonald a ensuite renommé la Police à cheval du Nord-Ouest (PCN-O.) Lors de sa formation en 1873.

En 1920, il a été renommé "Gendarmerie royale du Canada". La nouvelle organisation, chargée de l'application de la loi dans toutes les provinces et tous les territoires, a immédiatement établi son rôle moderne de protectrice de la sécurité nationale du Canada et d'assumer la responsabilité du contre-espionnage national. (Source: Wikipédia)

Les chevaux originaux de la Gendarmerie royale du Canada étaient bien loin des chevaux noirs bien élevés en tournée aujourd'hui. La GRC élève et élève ses propres chevaux depuis 1939 et produit certains des plus beaux chevaux au Canada avec des normes très élevées.
(Source: horsecanada.com)

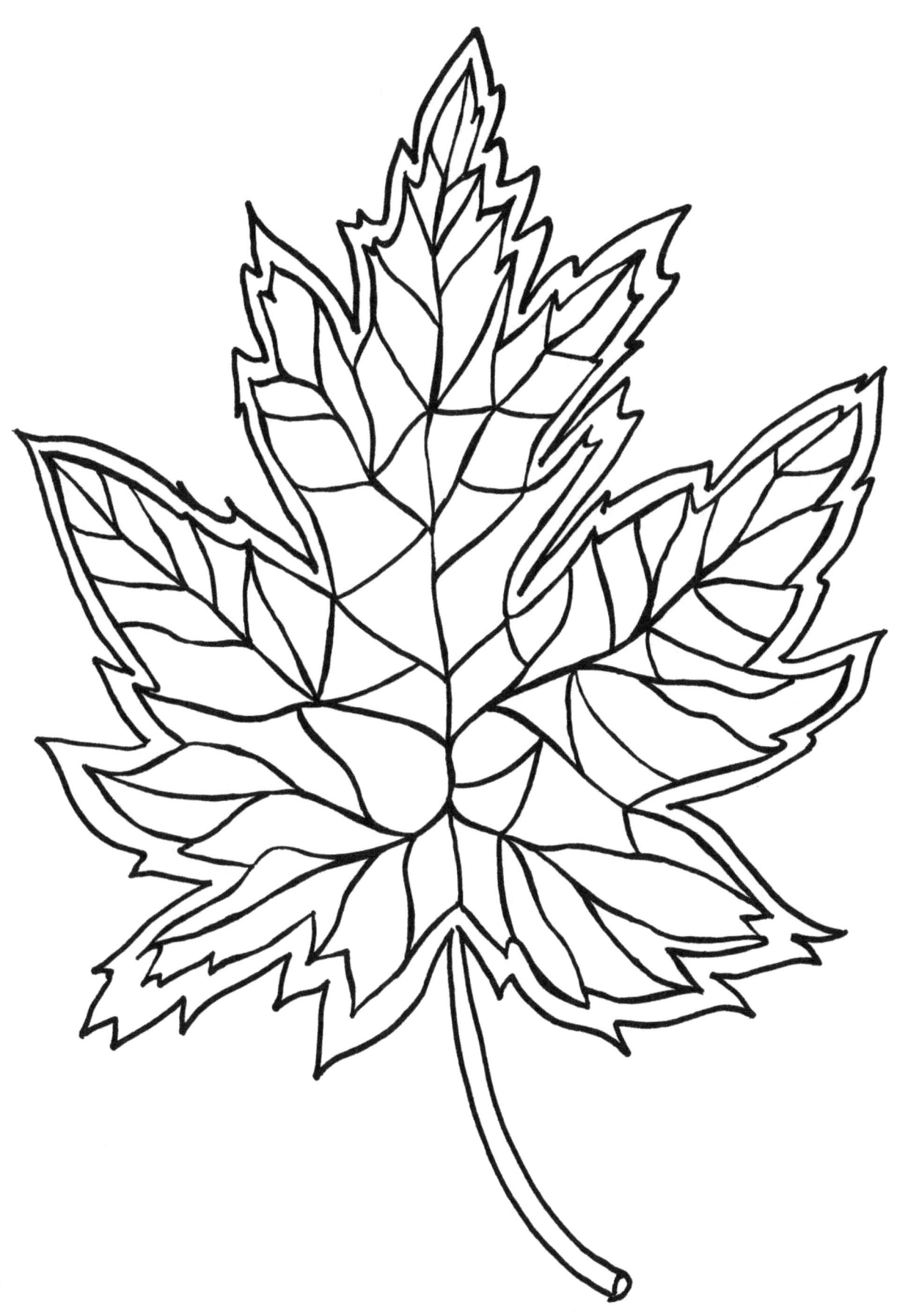

First and foremost: The Canadian Maple leaf symbolizes unity, tolerance, and peace.

A little bit of history...

The maple tree and its distinctive leaves are more than a fixture of Canada's natural beauty. 10 varieties of maple grow in Canada, so the tree is abundant and recognizable throughout the country. The maple leaf has been adopted by national groups, placed on the coat of arms and used as the centerpiece of the nation's flag.

In 1925, debate over a national flag began in the Canadian Privy Council, a group of consultants for the British queen. The group wanted a design that would represent Canada's independence and unity, but members could not decide on a final product. Parliament picked up the search for a national flag in 1946, but after more than 2,600 submissions, they never voted on a design.

It wasn't until 1965 that Canada finally adopted the red maple leaf with red and white accents, a design that had been featured on Olympic athletes' uniforms since 1904. The Maple leaf as a national symbol. In 1834 the St. Jean-Baptiste Society, a French-Canadian patriotic group, adopted the maple leaf as their group symbol. In 1836 the newspaper "Le Canadien" named the maple leaf the official symbol of Canada, and by 1860 members of the Regiment of Royal Canadians were sporting the leaf on their badges. The leaf was featured on both the British and French-Canadian coat of arms, and it's been used on currency since the end of the 19th century. It was also a Canadian military symbol during both World Wars. The maple was designated as Canada's national tree in 1996.

D'abord et avant tout: La feuille d'érable canadienne symbolise l'unité, la tolérance et la paix.

Un peu d'histoire...

L'érable et ses feuilles distinctives sont plus qu'un élément de la beauté naturelle du Canada. 10 variétés d'érables poussent au Canada, ce qui en fait un arbre abondant et reconnaissable dans tout le pays. La feuille d'érable a été adoptée par des groupes nationaux, placée sur le blason et utilisée comme pièce maîtresse du drapeau national.

En 1925, le Conseil privé du Canada, un groupe de consultants de la reine britannique, commença à débattre d'un drapeau national. Le groupe souhaitait un modèle qui représenterait l'indépendance et l'unité du Canada, mais les membres ne pourraient pas choisir un produit final. Le Parlement a commencé à chercher un drapeau national en 1946, mais après plus de 2 600 soumissions, il n'a jamais voté pour un dessin.

Ce n'est qu'en 1965 que le Canada a finalement adopté la feuille d'érable rouge aux accents rouges et blancs, un motif qui figurait sur l'uniforme des athlètes olympiques depuis 1904. La feuille d'érable comme symbole national En 1834, la Société Saint-Jean-Baptiste, un groupe patriotique franco-canadien, adopta la feuille d'érable comme symbole de groupe. En 1836, le journal "Le Canadien" désigna la feuille d'érable comme symbole officiel du Canada et, en 1860, les membres du Régiment of Royal Canadian arborait la feuille avec leur badge. La feuille figurait sur les armoiries britannique et canadienne-française, et était utilisée sur la monnaie depuis la fin du 19e siècle. C'était également un symbole militaire canadien pendant les deux guerres mondiales. L'érable a été désigné comme arbre national du Canada en 1996.

Source: https://classroom.synonym.com/why-is-the-maple-leaf-a-canadian-symbol

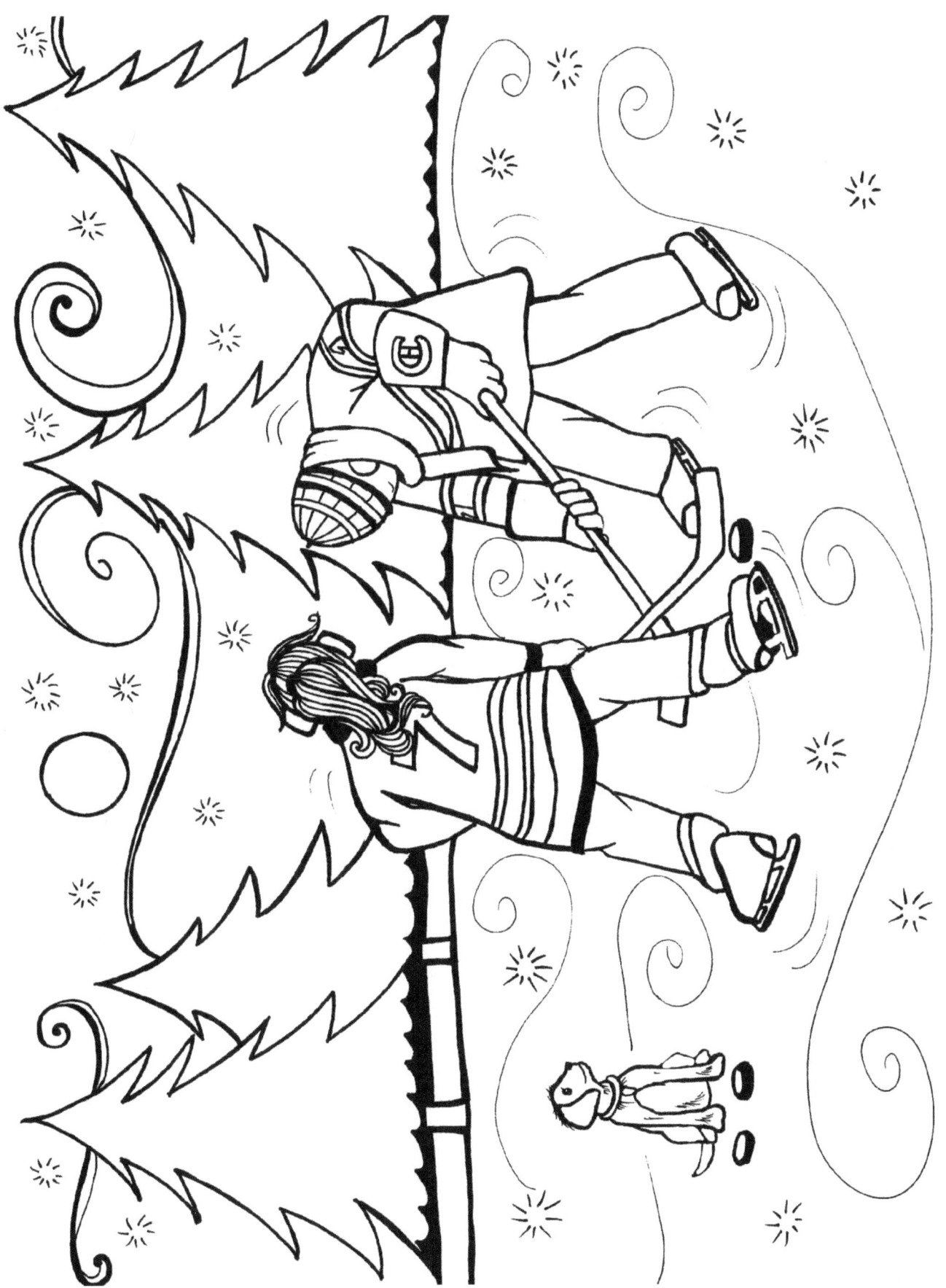

HOCKEY

'Hockey's place in Canadian culture is closer to religion than a simple sporting pastime, a unifying force in a country of 33 million people that is often split by politics and language. The sport is part of the national identity, a rite of passage between fathers and sons and more recently mothers and daughters as the game has evolved beyond its traditional gender boundaries. Generations of Canadians grew up listening to Hockey Night in Canada on the radio and decades later the Saturday night tradition continues intact on high-definition television.'

'In Canada, which regards itself as the birthplace of the game, it is simply referred to as "hockey," and anyone describing it any other way risks a disdainful look or a puck in the head. From Newfoundland to Vancouver Island hockey touches the lives of Canadians young and old. Children are introduced to the game at an early age, some learning to skate and hold a stick as soon as they can walk, while some people go to their graves wearing team jerseys. Hockey is a contradiction of graceful skill and brutal violence that runs counter to Canadians' modest, polite image, and novelist Hugh MacLennan theorized that the sport gave Canadians the same release that "strong liquor gives a repressed man."'

'La place du hockey dans la culture canadienne est plus proche de la religion que d'un simple passe-temps sportif. C'est une force unificatrice dans un pays de 33 millions d'habitants souvent divisé par la politique et la langue. Le sport fait partie de l'identité nationale, un rite de passage entre pères et fils et plus récemment mères et filles, car le jeu a évolué au-delà de ses frontières de genre traditionnelles. Des générations de Canadiens ont grandi en écoutant l'émission Hockey Night In Canada à la radio et, des décennies plus tard, la tradition du samedi soir se poursuit intacte à la télévision haute définition.'

'Au Canada, qui se considère comme le berceau du jeu, on l'appelle simplement « hockey »et quiconque le décrit d'une autre manière risque de lui donner un regard dédaigneux ou une rondelle dans la tête.'

'De Terre-Neuve à l'île de Vancouver, le hockey touche la vie des jeunes et des moins jeunes. Les enfants sont initiés au jeu dès leur plus jeune âge. Certains apprennent à patiner et à tenir un bâton dès qu'ils savent marcher, tandis que d'autres se rendent sur leur tombe en portant leur maillot d'équipe. Le hockey est une contradiction puisque la violence brutale du sport allant à l'encontre de l'image modeste et polie des Canadiens, et dont le romancier Hugh MacLennan a émis l'hypothèse selon laquelle le sport a donné aux Canadiens ce que « l'alcool fort donne à un homme refoulé ». '

(Source: https://www.reuters.com/article/us-olympics-ice-hockey-canada)

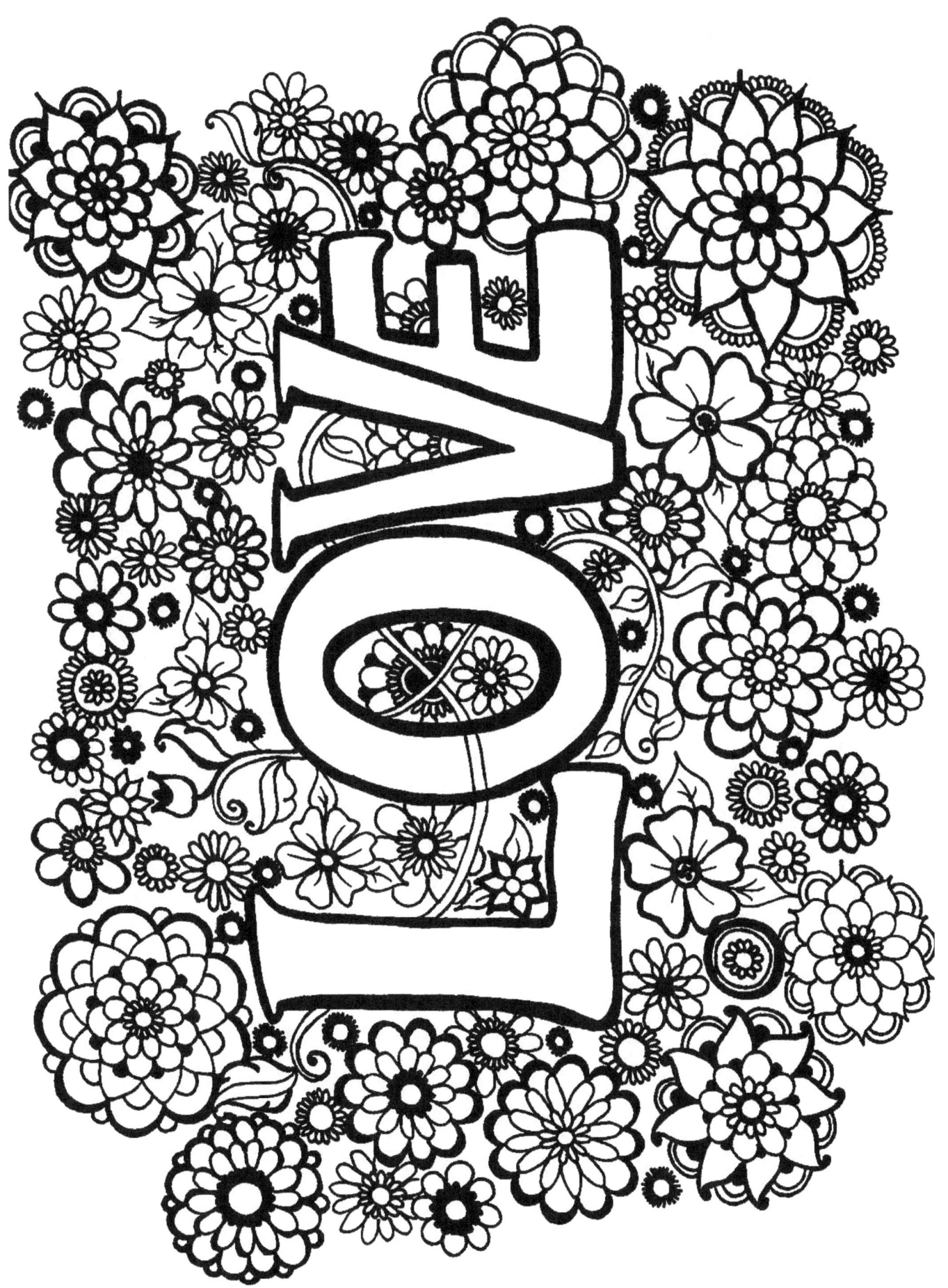

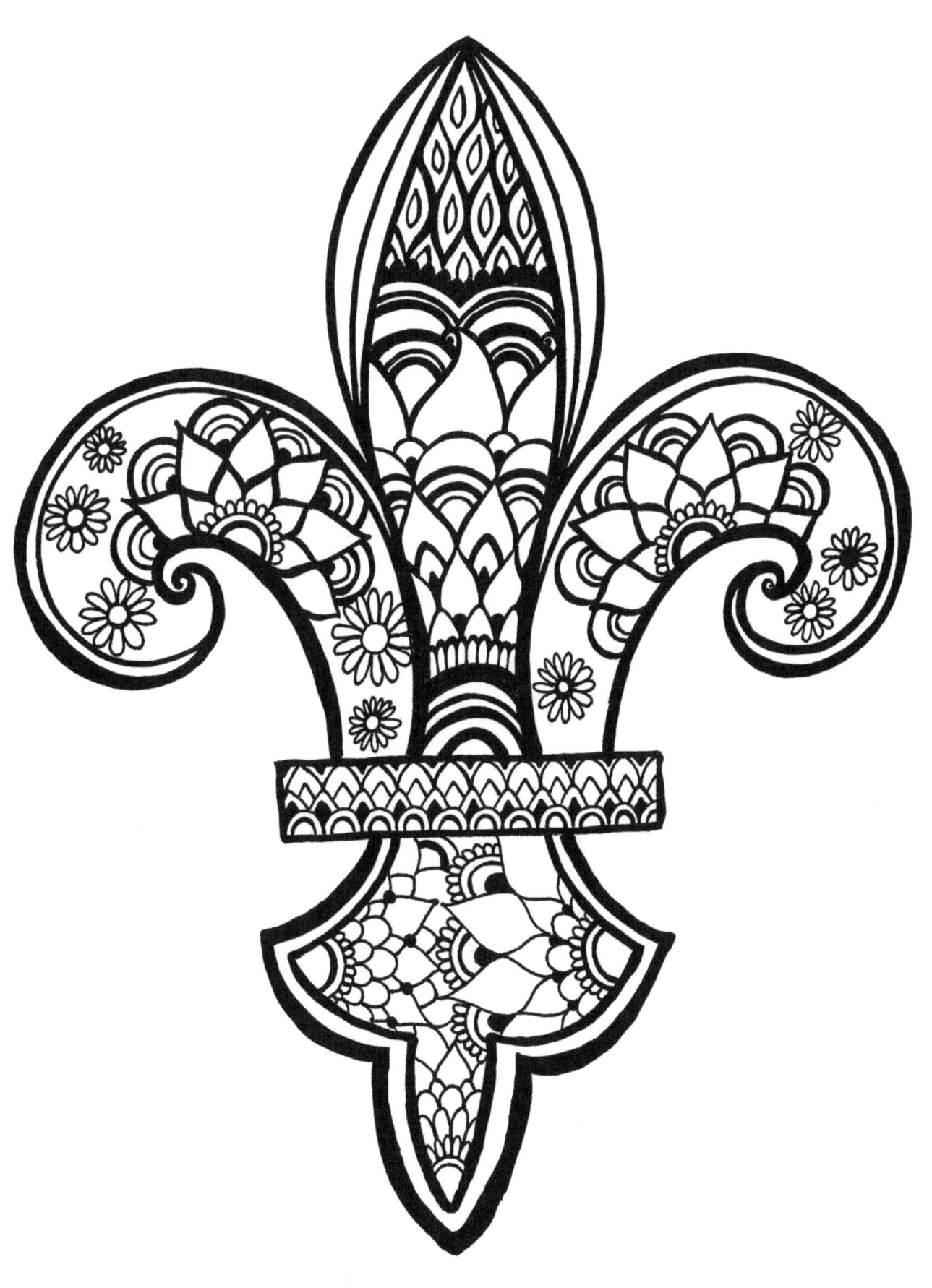

Fleur-de-Lys

The fleur-de-lys, a symbol of the French presence in North America, has featured on the Québec flag since 1948 and appears on the flags of several other French-speaking communities in Canada and the United States. Vancouver is the capital of British Columbia. British Columbia is, geographically, the farthest-removed province from Canada's historic francophone population, thus it is not surprising to find that francophone British Columbians are few in number. The 2001 census placed the number of British Columbians with French as a mother tongue at 57,280, 1.3% of BC's population, ranking seventh after English (3,062,430), 'other Chinese' (357,865), Cantonese (133,245), Punjabi (94,055), German (73,625), and Tagalog (66,120).

In addition to Coquitlam's annual Festival du Bois, Canadian Parents for French host an annual French Celebration Week, Francapalooza, a French film festival and French-language youth camps targeting both Francophone and French immersion students. *L'Association des Ecrivains de la Colombie Britannique* publishes a monthly youth magazine called *La Moustique*. A French-language theatre group called *Théâtre la Seizième* is also active in the province as well as the dance troupes *Danseurs du Pacifique* and *Les Cornouillers*, and the annual BC Francophone Games. The *Conseil Culturel et Artistique de la Colombie Britannique* serves as a community organization in arts and culture.

La fleur de lys, symbole de la présence française en Amérique du Nord, figure sur le drapeau du Québec depuis 1948 et sur les drapeaux de plusieurs autres communautés francophones du Canada et des États-Unis. Vancouver est la capitale de la Colombie-Britannique. Géographiquement, la Colombie-Britannique est la province la plus éloignée de la population francophone historique du Canada. Il n'est donc pas surprenant de constater que les Britanno-Colombiens francophones sont peu nombreux. Le recensement de 2001 a classé le nombre de Britanno-Colombiens de langue maternelle française à 57 280, soit 1,3% de la population de la Colombie-Britannique, ce qui le place au septième rang après l'anglais (3 062 430), les «autres Chinois» (357 865), le cantonais (133 245), le Punjabi (94 055), Allemand (73 625) et tagalog (66 120).

En plus du festival du bois de Coquitlam, Canadian Parents for French organise chaque année une semaine de célébration française, Francapalooza, un festival du film français et des camps de jeunes francophones destinés aux étudiants francophones et en immersion française. L'Association des Écrivains de la Colombie Britannique publie un magazine mensuel pour les jeunes intitulé La Moustique. Un groupe de théâtre de langue française appelé Théâtre la Seizième est également actif dans la province, de même que les troupes de danse Danseurs du Pacifique et Les Cornouillers, ainsi que les Jeux annuels de la Francophonie de la Colombie-Britannique. Le Conseil Culturel et Artistique de la Colombie Britannique est un organisme communautaire dans le domaine des arts et de la culture.

(Source: Wikipedia)

About You-Color and Nancy Béliveau, Artist and CEO:

Over years of working in a corporate environment in Montreal, Nancy discovered the benefits of coloring to relax and recharge from the go-go demands of work and a modern lifestyle. As an artist, Nancy was soon creating her own art for others to color and enjoy the benefits from the activity of coloring Finally, she left her corporate job to establish You-Color. This way she can respond to a growing demand for her coloring books. Today, you can find many of her coloring books on Amazon.com

À propos de You-Color et de Nancy Béliveau, artiste et chef de l'entreprise:

Au cours de nombreuses années à travailler au sein d'une entreprise corporative montréalaise, Nancy a découvert les avantages de l'activité du coloriage pour adultes, comme moyen de se détendre et de se ressourcer afin de faire face aux exigences du travail et à un style de vie moderne. En tant qu'artiste, Nancy a rapidement créé ses propres œuvres pour que les autres puissent les colorier et apprécier les bénéfices de cette activité - Finalement, elle a quitté son travail pour créer You-Color afin de répondre à la demande croissante pour ses livres à colorier. Aujourd'hui, vous pouvez trouver plusieurs de ses livres à colorier sur Amazon.com.

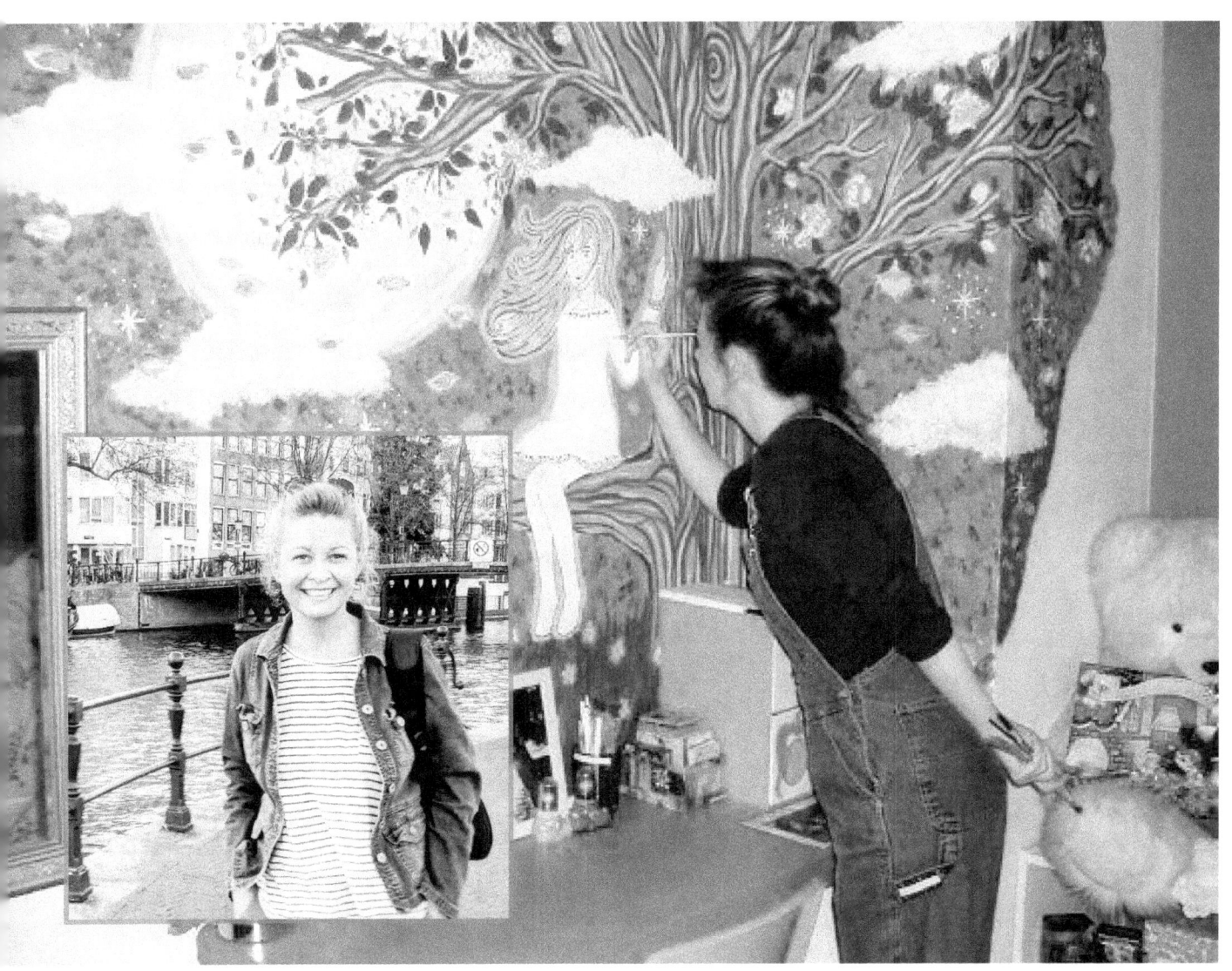

www.ingramcontent.com/pod-product-compliance
Lightning Source LLC
Chambersburg PA
CBHW062342220526
45469CB00008B/2810